共好

Let's Try
Gonghao!

致富

10個帶你從夢想到實踐的翻轉關鍵！

一起Try共好嗎？

目　次

第一章　品牌故事　宏偉願景

第二章　夢想實踐　十個關鍵

第三章　財務歷程　共同學習

那道指引你實踐夢想的光

程萬里
「創投心法」一書作者／連續創業家

　　「共好致富」不僅僅是一本書籍，它是一場關於如何實踐夢想的深刻啟示！當人們面對挑戰與困境時，常常忽略了在面向黑暗的同時，背後其實就是光。像泰戈爾所言：「把自己活成一道光，因為你不知道，誰會藉由你的光，走出了黑暗。」這句話不僅點亮了我們每個人內心的力量，也深刻影響了我的創業歷程。

　　作為一位連續創業家，我深知企業家路上的孤獨與挑戰。成長的路上，一路從台北市立建國中學到台大 EMBA 學分班學程，我把握各種學習成長的機會，這不僅

幫助我打造了企業家的競爭優勢，更讓我體會到合作的力量，如何取代競爭，實踐「付出者收穫」的理念。

「成功的人不是天生就懂得成功，而是他們經過長時間的努力，才學會了如何成為成功者。」馬克‧克羅普曼的這番話語，對於我在每一個尋求突破的過程中，都極具啟發意義。

《共好致富》的作者故事，都可能是讀者的部分寫照。從發展產業鏈、創業家、公務人員到影響力達人，書中的他們透過共好發展總會的平台，不但逆轉了個人命運，也用行動來幫助周遭的人！這些故事不禁讓我回憶起，自己創業初期的冒險與突破，感慨萬千。相信每個故事背後的堅韌與智慧，都將是那道指引讀者們實踐夢想的光！

書中不僅含括了理財的觀念教學，也是一趟關於如何在逆境中尋找機會、用正確的財商思維來改變命運的旅程。讓我們一起迎向新的挑戰，「Try 共好嗎？」找到屬於自己的光芒！

改變思維創造奇蹟

張欣瑜
台灣及英國註冊會計師／
奕欣聯合會計師事務所所長

累積財富的速度，差別在思維

因為工作關係，我終日與數字為伍，看過幾百間公司的財務數字，也幫助許多高資產客戶做稅務規劃。因此自己很早就開始思考：「提早退休」和「財富自由」這兩件事。擁有以上的經驗，讓我保持對數字的敏感度，同時也對理財工具使用有一定的了解。

哲昀總會長十分重視專業分工，透過四大事務所朋友的介紹與我聯絡，第一次

共好致富 10個帶你從夢想到實踐的翻轉關鍵！
一起Try共好嗎？

見面便是討論集團財稅規劃。出於對潛在合作公司的好奇心，以及自己對投資理財的濃厚興趣，討論當下我隱約感覺到：共好的理財觀念架構與市面觀念有所不同。當時我問自己：「我怎麼沒有這樣思考過？」原來理財順序改變了，結果可以差很大。後續了解並評估這個系統時，首先我考量的是其邏輯是否合理；其次，這套系統能否解決很多人面臨的：有資產卻動彈不得、無財可理、無法翻身或是理財無效的問題。

證實可行的系統

我笑稱哲昀總會長就像個數學家，每次聽他講解不同案例，聽到其中的解決方案和步驟時，我總是想打開他的腦袋，看看裡面裝了什麼，能如此聰明且切中要點。據我所知，共好的理財系統有兩個獨特之處，是其他理財系統無法複製的：

第一：從調整個人資產負債表開始，運用金融工具，大幅減少個人開銷，創造每月正向現金流，保持財務穩健的狀態。

第二：調整理財順序，做同樣的事但順序不同，理財效果和財富累積速度大幅提升。

常聽到許多人想增加被動收入卻抱怨：「沒有錢怎麼理財？」有些人好不容易存到一筆錢，卻跟風亂買，一進場就開始跌，陷入「別人投資都賺、自己總賠」的窘境，或是買了一堆不適合自己的商品。但很少人回歸本質，去審視自己的個人資產負債表：錢用在哪裡？如何產生穩定的收入？

我看到許多共好學員，他們透過系統化的步驟以及顧問諮詢，讓開銷大幅降低，並且透過理財順序的調整，得以產生正向現金流，減少被錢追著跑的生活壓力，甚是大幅提升生活品質。從這樣的觀察中，我認為證實可行的系統就是：用一套系統，能夠讓不同背景的人達到同樣目的！而共好就是使用這樣的系統。

有效的系統，需要的是執行力

首先，想要跳脫財務漩渦的迷茫，就得做出改變。當你有了想要改變的信念後，透過系統一步一步地推進，朝自己想要的目標前進。改變的過程中，肯定會有各項挑戰與不適，但再好的系統，沒有執行力，都是空談！就像跳恰恰，進兩步退三步，除了消耗心志，也無助於改變自己的生活。

或許你對自己能否達成夢想而感到猶豫，希望透過本書十個案例，你能夠開始改變人生，為自己創造更多可能性。祝福大家在財富自由的路上，找到屬於自己的成功方程式！

人生出航，指南針為你指引方向

王凱平醫師
聯新國際醫院運動醫學科主任

　　人生如同航海，在這個充滿挑戰與機會的時代，我們無法預知出航後會遇到什麼風暴。或許會迷路，或許會失敗，甚至可能在意外中獲得成功。但如果能有指南針指引方向，我們將能更快地找到目標和方向。

　　作為醫生的我，除了工作之外，也希望透過減少勞動、增加被動收入，讓家庭過上更好的生活。由於工作繁忙，缺乏系統性的理財學習，我常常購買自己以為是資產的項目，卻陷入了財務惡性循環，每

個月都是沉重的負擔。在一次機緣中，我遇到了哲昀總會長，並在他的邀請下開始在共好學習。我逐漸理解了財務順序的重要性。有了這些財務理念，我的思維得到了提升，原本沉重的負擔也減輕了不少。這讓我明白：一套好的系統，就如同指南針，能夠指引我們前進。

本書從特斯拉出行產業鏈到眼科醫學，再到房地產和自媒體，他們的成功不僅源自於才華與努力，更來自於對財務智慧的深刻理解和應用。除了我自身的改變，這些故事，也讓我對共好的系統感到由衷地敬佩。能夠認識哲昀總會長與他一手打造的共好發展總會，真的非常開心。

希望每一位讀者都能從《共好致富》中找到屬於自己的光芒，並在自己的財務歷程中，成為別人的光，照亮更多人的未來。正如書中所述，「Try 共好嗎？」只要你願意嘗試，你也可以做到！

劉哲昀總會長
中華民國共好發展總會

財富規劃與行動的力量

國際三大影展獲得大滿貫的導演羅伯特·奧爾特曼(Robert Altman)曾說:「財富不是靠機遇來的,而是靠規劃和行動。」在現代社會中,財務自由和穩定的收入,是許多人夢寐以求的目標。然而,通往這個目標的道路並不總是平坦。本書《共好致富》正是為了幫助讀者們在這條道路上找到指引,透過 10 個實踐夢想的真實案例,教導我們如何透過增強財商,來實現生活中的目標和夢想。

能夠快速改變的只有思維

「成功的秘訣在於，讓自己的夢想比自己的恐懼更強大。」世界頂級激勵大師傑克‧坎菲爾德（Jack Canfield）曾說。小時候，我看見父母因為財務問題而苦惱，甚至為了開銷產生摩擦，這激發了我改變現狀的決心。於是，我很早就踏上了創業之路。一路上，我試圖尋找成功的方法，在經歷無數次失敗後，我總結出財商與創業的關聯性，並讓這些關聯性變成可以實現的方案。

當我看到社會中，多數人因為對財商不瞭解，而陷入財務困境時，我毅然決定創立共好發展總會，希望透過「用愛及正確的財務順序，幫助人們輕鬆成家立業」的理念，讓人們不再為錢所苦，並過上理想中的生活。新竹共好商圈協會自 2018 年創立，並在 2023 年成立全台總會——中華民國共好發展總會，我們透過獨創的財商思維觀念，成功幫助超過 2,000 個家庭改善生活，至今也持續幫助更多人。

成功是一種心態，一種選擇

本書匯集來自不同背景的 10 位作者，他們在各自的專業領域內皆有卓越成就，涵蓋了特斯拉出行產業鏈、創業家、公務

人員到影響力達人。每一章節都詳細介紹作者的財務轉變歷程：從面對困難和挑戰，到尋求解決方案，再到最終改變財商思維，進而實現財富自由。每位作者的故事，不僅充滿了啟發性和實踐性，更能為讀者提供：深刻的人生哲理和實踐經驗！

改變與思維的力量

「如果有不滿意的狀況，那就試著改變它。如果你沒辦法改變它，那就改變你的想法吧。」—— 美國作家和詩人馬雅・安傑洛（Maya Angelou）。希望《共好致富》能夠成為讀者們在財務自由道路上的指引，幫助每一位讀者找到屬於自己的成功之路，實現逆轉人生的夢想。一起 Try 共好嗎？

第一章

品牌故事 宏偉願景

成為別人的光

「把自己活成一道光，因為你不知道，誰會藉由你的光，走出了黑暗。

相信自己的力量，因為你不知道，誰會因為相信你，開始相信了自己。」

——節錄自印度詩人泰戈爾 《用生命影響生命》

人與人之間的影響力即是如此，當你帶著善意接近一個人，對方自然會有所感觸，給予良好的回饋。在共好發展總會的環境裡，我們的核心理念十分明確——讓人們不再為錢所苦！

我們期許用不同的財務思維，讓每個人都能感受到，生命不只是生存或生活，而是這股力量將幫助更多人能夠實踐夢想。帶著這樣的核心理念前進，並不是一件容易的事。由於在科技迅速發展的時代裡，只要與財務相關的，都很容易讓人聯想到是詐騙。但這並不是共好想呈現的，我們希望讓更多人了解到創新的財商思維，而非遵循過往的觀念。

財務迷思　復刻模式

讀者可以一起思考，在現今社會當中，人們的財務觀念，

共好致富 10個帶你從夢想到實踐的翻轉關鍵！
一起Try共好嗎？

是否往往會復刻原生家庭、教育環境的模式呢？例如：「節儉才是美德」、「開源節流才是王道」、「跟銀行借錢很危險」、「錢就是要存戶頭才安全」等等的想法。

但是，隨著時代變遷、年紀增長，我們會發現通貨膨脹是不爭的事實，我們的錢會越來越薄，同樣的一千元，能夠買到的東西越來越少，難道我們只能繼續努力賺錢、節省支出、依靠主動收入嗎？

若是如同新冠肺炎的疫情襲來，多數人的主動收入便不再可靠。既然金錢已經是我們生活中的交易所需，那我們就該思考，到金錢對我們來說的意義。多數人為了生活汲汲營營，常說道：「我想要讓家庭生活品質提升！我要賺更多錢。」但是，在不夠了解自身財務的狀況下，是否容易挖東牆補西牆？不小心踏入財務漩渦呢？「我總感覺我錢不夠用，但我不知道什麼錢不夠用。」是否也常反問自己，一生辛苦為誰忙？

其實不然，而此時能夠行動的，就是要提升自己的財商思維。

鞏固財商　創造財富

我們來談談財商吧！財商顧名思義即為財務智商（Financial Intelligence Quotient，簡寫為 FQ），財商一詞最早出現於 1994 年 4 月《富爸爸，窮爸爸》一書中，反映的是一個人對於金錢

的認識與駕馭的能力，亦即理財的智慧，對於財務的價值觀。

　　從小到大，我們很少有機會真正地接觸到財商的相關知識，而在各式各樣金融商品不斷興起後，多數人也開始著急地想要累積財富，在沒有足夠的理財知識、對於投資一知半解的狀況下，就容易做出錯誤的判斷。

　　根據美國青少年金融教育賦能機構（The National Endowment for Financial Education）的統計顯示，約有70%的樂透得主，最後都沒有得到圓滿的結局。這背後的主要原因是，多數的樂透得主都是普通人，人生中飛來一筆天外之財，通常都是不知所措，對於如何管理、運用是一無所知的，只能憑「感覺」來花錢。

　　擁有一定的財商思維、財務觀念後，你可以理性地規劃你的資產，妥善地做好財務管理，分配預算、投資項目與支出，這將會直接反映在你的生活日常當中。

　　因此，財商是你管理財富的守護者。

財商教育　即刻啟航

　　共好發展總會致力於「用愛與正確的財務順序，幫助人們輕鬆成家立業」，在完整的財商學習系統裡，只要你願意執行，除了能夠培養財商思維架構，還能逐步擁有深厚的金流底蘊，

共好致富 10個帶你從夢想到實踐的翻轉關鍵！
一起Try共好嗎？

同時在不影響主動收入的情況下，你有更多的時間、餘裕來實現自己塵封已久的夢想清單！當我們慢慢地財務健康了，也會希望能夠幫助到自己身邊的家人、親友。

因此，成為別人的光，便成了一個新的志向。

願意在共好發展總會持續耕耘的會員們，都是因為自己曾經在黑暗的財務漩渦中被拉了一把，付出行動後就此逆轉人生。而他們也帶著這樣的信念，把自己活成一道光，只為了在不同的時刻、不同的地方，用自己的光照亮別人！

這，就是哲昀總會長的創會理念。

小時候的他，常常看到父母為了家裡的開銷吵架，在父母離婚後，哲昀總會長為了分擔家計，決定讀軍校，省吃儉用、

圖　哲昀總會長進入軍校為家庭分憂解勞

努力存錢，並在出社會後不斷地嘗試創業，卻也不斷地累積虧損達到 5,000 萬。

這也讓他發現到，許多老闆或事業體負責人，不是因為方法不對、產品不好，而是真正擁有財商思維的人不多，分不清楚好債與壞債，以及現金流的重要性。在當今社會氛圍下，大家都鼓勵創業，並希望就此翻身，但是財務觀念沒有穩健地扎根，很快地就會連根拔起。

哲昀總會長就此埋下了創會的種子。他期望能夠打造一個正向循環的環境，秉持著「共好」的初衷，幫助更多的人建構充分的財商思維，得以有效地運用在生活中，並且理性地判斷，彼此互相分享成功與失敗的經驗，讓每一位來到共好的會員們，能夠在自己身上找到希望，因為自己變好，所以更能夠讓身旁的人一起致富！

「如果你做的事情能夠成就更多人，那就會有更多人來成就你。」哲昀總會長說道。

新竹共好商圈協會自 2018 年創立，並在 2023 年成立全台總會——中華民國共好發展總會，我們已經幫助超過 2,000 個家庭，保留超過 20 億的財富價值。我們堅信著每一個人付出行動後，都值得擁有好的生活。如同明朝哲學家王陽明所說：「夫學、問、思、辨，皆所以為學，未有學而不行者也。」意思是，學習、詢問、思考、分辨，這些都是為了學習某一件事，而要掌握、完成這件事，光學習不行動是無法達成的！

圖　2024 年 3 月 2 日共好領航乘風翱翔活動近 300 名會員響應

　　一生累積的財務狀況並非一蹴而就，要達到結果也不是一天就能完成。善於思考、學習固然是好事，我們鼓勵每一個你，開始接觸共好全新的財商思維，只要願意放下本身對於財務的框架，在過程中展開行動之後，就能逐步培養自己建構出一套理財心法，生活壓力大幅度減輕，從實質的外在，慢慢深耕至內心，真正地解決問題！

　　「如果你希望現況可以改變，答案或許是從「改變自己」開始。」──引述自諾曼・文森特・皮爾（Norman Vincent Peale）美國知名牧師、作家

　　準備一起 Try 共好嗎？

第二章

夢想實踐　十個關鍵

資深眼科醫師

徐浩恩

高收入不代表高財商
連鎖眼科執行院長的共好歷程

在共好眾多學員中，豐原大學眼科的執行院長徐浩恩醫師，是非常突出的學員。徐醫師並非出身醫學世家，而是憑藉自己的努力和堅持，成為醫學中心醫院、數家區域醫院、大型連鎖醫療集團的資深眼科主治醫師。

人人稱羨金飯碗　卻不一定吃得飽！？

徐醫師的職業生涯並非一帆風順。他最初不是專攻眼科，而是泌尿外科。自醫學院畢業退伍後，在成大醫院擔任泌尿科醫師時，他注意到泌尿科醫師的就業市場，似乎較為侷限。

許多完成專科訓練的前輩醫師，不一定能找到理想的職缺，甚至有些泌尿外科醫師，在完訓取得專科證照後，轉到急診或加護病房，擔任創傷或重症醫療的支援醫師。這個觀察促使他重新思考自己的職業發展方向。

徐醫師決定轉向眼科領域，一個未來發展彈性較大、既能

共好致富 10個帶你從夢想到實踐的翻轉關鍵！
一起Try共好嗎？

選擇留在醫院、或到社區診所執業的科別。然而這個決定代表之前的年資必須歸零，他的醫師生涯必須從頭開始。

從泌尿外科轉換到眼科，所有的年資重新起算，專業知識和技能也要重新學習。儘管這個決定不容易，他仍然相信自己的觀察，勇敢跨出去，並在彰化基督教醫院成為一名眼科住院醫師，重新開始醫師之路。

15年來，徐醫師的行醫經歷，涵蓋了台灣醫療體系的各個層級，從大型醫學中心到中型區域醫院，再到大型私人醫療集團和基層診所；從一線醫師到眼科主任、執行院長，他有豐富的臨床、管理、行銷等經歷。這樣全方位的工作經歷，使他對整個醫療系統有了深入了解。

在談到醫師這個職業時，徐醫師說到，很多人以為醫師收入很高、生活品質和社會地位都很好，然而現實情況與大眾的認知不同。

如果單從薪資收入來看，醫師之間呈現明顯的兩極化現象。有些醫師月薪不到十萬元，而有些醫師的收入則相當可觀。他提到，醫師的薪資水平受到多種因素的影響，包括執業地區、醫院設備規模、專科科別類型、目標客群、行銷曝光、自費項目多寡、患者數量、口碑、醫師本人專業能力與能見度等等。

而徐醫師還談到了醫療行業的特殊性。他認為，儘管收入很重要，但醫療工作絕不應該過度商業化。身為醫師，從事醫療工作，本身就有社會責任和人道主義在裡面，不能用錢衡量一切；每一位患者的疾病，都牽涉到他的人生和家庭，事關重大、

影響深遠。因此，每一位醫師，每一家醫療院所，他們都必須在服務和盈利之間找到平衡。

除了營收，徐醫師特別強調醫病溝通的重要性。醫師和患者之間，原本就存在巨大的資訊差距，今日高度專業化又快速發展的醫療科技，絕非三言兩語就能對民眾說清楚，此時，良好順暢的雙方溝通，非常重要。甚至必須仰賴團隊成員一起去溝通，如：諮詢師、營養師、護理師、驗光師、檢驗師等等，一同協助，幫助醫師更透徹了解患者的需求和整體情況，從而提供更適合的治療方案，真實幫助到患者的健康和人生。

經由徐醫師的分享，我們理解到醫師這個職業，也有現實和理想的掙扎，在患者疾病、經濟考量、院所服務與收益之間，有許多抉擇和堅持。也有很多感人的故事和觸動。

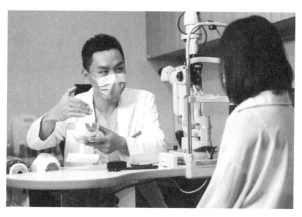

圖　徐醫師用心對待每一位患者

10個帶你從夢想到實踐的翻轉關鍵！
一起Try共好嗎？

專業人士更應追求 360 度全方位成功

談完了專業領域，徐醫師進一步分享了他在人生中的重要轉折點。

作為一名眼科專科醫師，徐醫師不僅專注於自己的專業領域，還積極學習理財知識。他認為，如果在事業方面成功，卻在其他面向跌倒了，這樣的成功代價沉重，不是真正的成功。真正的成功是全方位的，人生每一個面向 360 度的成功。因此，在深耕專業領域，不斷進修學習的同時，也要關注人生的其他方面，比如：理財、家庭、人際、健康、社會責任…

其中，理財是非常重要的一環。徐醫師提到，透過財務規劃和學習，他能夠更有效率地購置房產、車輛、其他資產。然而，他也觀察到，許多專業人士雖然擁有優秀技能和學識，卻在金錢觀、金融知識、理財規劃方面缺乏投入。

徐醫師指出，這種現象並不僅限於醫療行業。在許多高度專業化的行業中，如工程師、律師、會計師等，人們往往傾向於在自己熟悉的領域不斷深造，但可能忽視了生活的其他方面。他強調，人的時間資源有限，過度專注於一個領域，可能導致其他方面的發展失衡。

徐醫師認為保持開放的心態至關重要。他指出，世界變化迅速，賺錢和致富的方式也在不斷演變。因此，要在專業領域精進的同時，還要保持靈活的思維、開放的心態，積極關注新

興的投資機會，同時建立良好的金融專業人脈。

　　談到如何平衡專業發展和個人生活，徐醫師認為關鍵在於建立良好的人際關係和團隊合作。他觀察到，那些能夠在專業領域表現傑出、同時也能照顧好人生其他面向的人，往往具備良好的品格與個性，能與他人共好及互惠、尊重與珍惜每一位一起前進的夥伴和家人。

　　在投資理財方面，徐醫師分享了自己的經驗和態度。他形容自己是一個積極但謹慎的投資者。面對新的投資機會，他會保持開放態度，但在實際投入資金時，則會非常謹慎。他會仔細研究市場上的成功和失敗案例，如果訊息不足，他會選擇觀望或小規模投資。這種策略使他避免了重大損失，也許會錯過了一些可能帶來巨額回報的機會，但他認為：穩健永續的投資更重要。

　　現職作為豐原大學眼科的執行院長，徐醫師還分享了他的工作內容和職責。他解釋說，執行院長不僅要負責醫療業務，還要協助醫院的運營和業務發展。這包括與其他公司建立合作關係，處理人員培訓，客戶服務，甚至市場營銷等各個方面。

　　徐醫師選擇這個職位的原因，源於他對創業的熱愛和對「打造事業」的興趣。他喜歡從零開始構建、完善一個組織或團隊。相比於大型醫院的固定結構和緩慢決策過程，他更喜歡診所的

共好致富 10個帶你從夢想到實踐的翻轉關鍵！
一起Try共好嗎？

靈活性和快速決策能力。

然而，這種工作方式也帶來了挑戰。作為一個醫療專業人士，徐醫師必須學習許多新的技能，如：醫療服務流程、醫療品質監測、人員訓練、客服追蹤、設備採購、人員招聘、行銷策略…等。他坦言，這個過程充滿挑戰，但也帶來了巨大的成就感。

最後，徐醫師談到自己事業心態上的轉變，過去他認為，要自己從無到有的創業才叫事業，然在今天這個團隊作戰的時代，單打獨鬥並非最佳選擇。今日他在大學醫療集團的公司中，盡力發揮所長，與集團資源密切合作，往內優化、往外拓展，這種合作方式，不僅能提供必要的資源和支持，還能讓雙方共同發揮技能和能量，實現更大的價值。

作為一名成功的眼科執行院長，徐醫師的經歷為我們提供了寶貴的洞見。我們看到了一位醫療專業人士如何在保持專業技能的同時，不斷拓展自己的能力邊界，在事業和個人發展之間找到平衡。他的故事，為那些希望在專業領域取得成功，同時也能在生活其他方面有所建樹的人提供了寶貴的參考。

圖　徐醫師參與蔡司光學✕大學眼鏡聯合記者會

人生無一帆風順　不斷積累經驗找到甜蜜平衡點

　　在這場深入的對話中，徐浩恩醫師進一步分享了，他在專業發展與個人生活平衡方面的經驗和見解。他談到了他早期對於企業營運和財務管理的學習經歷。雖然當時還在醫院工作，前途未卜，但他出於興趣參加了各種相關課程。這些課程起初似乎與他的日常工作無關，就像未當父母就去上育兒課一樣。然而，這些看似無用的知識，最終成為他職業轉型的重要資產。徐醫師善於將這些學習經歷融入他的履歷，使自己在面試中脫

穎而出，展現了他對創業和多元發展的熱情。

在談到如何平衡事業和家庭時，徐醫師分享了一個的例子。在診所剛開業的忙碌時期，因為員工人數不足，工時也有法規限制，他和同為護理師的妻子曾經多次在週日早上，帶著幼稚園的孩子到診所工作，照顧手術後的病人，然後下午再帶孩子去用餐和活動。他們夫妻對事業的投入，同時也盡力兼顧家庭與工作。

徐醫師強調了設定優先順序的重要性。他以自己的經驗為例，說明如何在繁忙的工作中為家庭騰出時間。他認為，人生是一場長跑，如果在前期過度忽視某些方面，比如家庭或健康，後期可能會付出更大的代價，有些損失甚至無法挽回。

他提出了一個有趣的比喻，將人生的各個方面比作公司的不同員工。他建議要像管理公司一樣管理生活，定期關注每個「員工」（如夫妻關係、親子關係、身體健康、財務狀況等）的進展，確保它們都得到適當的關注和發展。太久沒關心某位員工，關注他的狀態，他可能遇到問題卻無人協助，如果狀況惡化到某一天離職下線了，那就糟糕了。

徐醫師和妻子的故事特別引人注目。五年多前，他們理財方式很保守，只有定存和購買儲蓄型保險，甚至沒有自己的房子。然而，透過不斷學習和共同成長，他們現在能夠更好地管理財務，並在投資決策上相互配合，實現了「一加一大於二」的效果。

在教育孩子方面，徐醫師表達了對未來的期待。他希望能夠像《富爸爸窮爸爸》中描述的那樣，與孩子建立積極互動的

關係，就像書中的富爸爸對作者羅伯特 · 清崎有智慧教導、共同學習和成長。他相信，這種長期的投資，最終會在未來開花結果。

圖　愛家的浩恩醫師，努力發展事業的同時，也不忘給予相同甚至更多的關注在最愛的家庭中，與夫人一起陪伴兒女快樂成長。

最後，徐醫師分享了一個故事，講述了他在面對家庭活動請假時的內心掙扎。某次家庭旅行前，他和太太討論要請假幾天，隨口說了一句話，多請一天假，這樣會少多少營業額和客人看診，但太太當下就反應：「這些業績和客人，能換到孩子的相處和回憶嗎？」這個故事生動地展示了，企業人士在平衡工作和家庭時所面臨的實際困境。

共好致富 10個帶你從夢想到實踐的翻轉關鍵！
一起Try共好嗎？

他意識到，隨著事業的成功，做出這樣的決定可能會變得更加困難，因為機會成本越來越高。但全方位的成功，絕不是只有一個面向，而是方方面面，因為一旦有其中的面向失衡，代價可能是全面性的崩盤，得不償失，所以透過家庭旅遊維持關係或排出時間維持健康，都是必須的時間，也是人生必要的「投資與支出」。

徐醫師的經歷和見解，深刻地揭示了專業、成功與個人生活平衡的重要性。不僅展現了成功所需的努力和犧牲，更強調了在追求事業、成就的同時，不要忽視生活的其他重要方面。這些洞見對於任何追求全面成功的人來說，都是極具價值的參考。

打造自己的金飯碗　關鍵心法報你知

詢問到浩恩關於財商學習的體悟，特別是在剛開業，並同時購買漂亮房子的情況下，如何做到這樣的財務安排？浩恩醫師娓娓道來他的心得。他指出，傳統的購房方式，往往需要先存下大筆頭期款，然後背負 20 到 30 年的房貸，這種方式確實令人倍感壓力。然而，他提出了一個不同的思路：將部分資金用於其他投資，創造被動收入來協助支付房貸，這樣可以大大減輕經濟壓力。

接著，浩恩醫師談到了金流的重要性。他指出許多人誤以

為自己在理財，實際上卻在不斷支出，如購買儲蓄險保單等。這些支出可能需要很長時間才能看到回報，而在此期間，大量資金持續流出。他強調，理財工具遠不止於此，還有很多值得探索的選項，應該保持開放的心，去多了解不同的知識與工具。

浩恩醫師坦言，他和妻子都來自傳統的中產階級家庭，多年的家庭和學校教育，對財務操作和金融工具的了解，原本幾乎為零。然而，經過四五年的學習，他們逐漸掌握了更多財務知識，開始有了一些被動收入來協助支付開銷。

在談到所學的財商知識時，浩恩醫師強調了幾個重要原則。首先是讓每一筆錢發揮多重用途，但同時也要注意金流轉換時，增加的風險是否可控。例如將儲蓄用於投資，再用投資收益來支付其他開支。他以買車為例，說明如何透過投資來抵消車貸利息，甚至可能實現不花錢就擁有一輛車的效果。

浩恩醫師將財務管理比喻為蓋房子，強調了解各種金融工具，就像認識不同的建築材料，然後根據自己的需求和能力逐步提升財務實力。他鼓勵聽眾從小地方做起，跨出第一步最困難，因為是完全不同的嘗試與體驗，再來才逐步建立強健的財務基礎，請勿夢想一步登天、一夜致富。

最後，浩恩醫師分享了，自己從租房到開業、買房的心路歷程。他坦言，最初的無知與恐懼，導致踏出第一步是最困難的。但隨著學習和實踐，他開始以新的角度看待財務決策，權衡每項支出是否真正有益。他也提到了如何避免衝動消費，例

共好致富 10個帶你從夢想到實踐的翻轉關鍵！
一起Try共好嗎？

如利用網購平台的購物車功能來延遲消費決定。

透過這場對話，浩恩醫師不僅分享了自己的財務管理心得，也展示了持續學習和實踐，逐步提升財務智慧，將實現個人和事業的雙重成長。

圖　浩恩醫師於台灣醫用雷射光電學會研討會，分享專業領域的洞察。

如果想擁有不一樣的結果　你需要做出不同的嘗試

詢問了浩恩醫師，他對同樣有志從醫的晚輩，是否有什麼建議，特別是關於如何培養財務意識和做出權衡。

浩恩醫師首先強調了踏出第一步的重要性。他鼓勵年輕人

勇於嘗試，即使可能會失敗或遭遇挫折。但是如果一直走老路，將永遠無法到達新的地方。他以自己和妻子為例，如果他們仍然沿用五年前的方式生活，最好的結果也只能與父母輩相仿，而那種生活方式往往充滿思維束縛和經濟壓力。

接著，浩恩醫師談到了如何看待嘗試的結果。他強調，無論成功還是失敗，都應該進行深入的分析和反思。對於失敗，他建議要勇於面對真相，放下面子，與他人討論以找出原因。對於成功，他提醒不要沉浸在表面的喜悅中，而是要深入思考成功的真正原因，以便能夠複製成功。

圖　2023 年　受 HitFM 中台灣廣播電台之邀，於節目暢談眼科保健知識。

共好致富 10個帶你從夢想到實踐的翻轉關鍵！
一起Try共好嗎？

浩恩醫師特別提到了，許多人容易掉入情緒陷阱的問題。他指出，無論是失敗後的沮喪還是成功後的自滿，都可能阻礙人們從經驗中學習和成長。他強調了客觀分析的重要性，建議在每次經歷後都要進行詳細的檢討，失敗當然要檢討，而成功，更要檢討是怎麼成功的，有沒有可能再次重現這種成功。

　　此外，浩恩醫師還談到了向他人尋求建議的重要性。他表示自己會主動向周圍的人詢問意見，以獲得不同的視角和建議。這種開放的態度，不僅有助於避免走入歧途，還能幫助識別潛在的風險和機會。

　　浩恩醫師還特別提醒，要警惕灰色地帶的賺錢方式。他認為，雖然這些方法可能帶來快速的收益，但可能會對生活的其他方面產生負面影響，如健康、人際關係甚至家庭。他強調自己追求的，是全方位的人生成功，而不是單一方面的突出表現。

　　最後，浩恩醫師強調了誠實面對自己的重要性。他鼓勵人們在分享成功的同時，也要勇於承認和分析失敗。他認為，只有透過不斷的反思和學習，才能真正實現個人成長和進步。

　　整個訪談中，浩恩醫師展現了深厚的洞察力和成熟的人生哲學。他的建議不僅適用於財務管理，也適用於生活的各個方面。他鼓勵年輕人勇於嘗試、客觀分析、持續學習、追求全面發展，這些都是極具價值的人生指導。

　　接著談到目前在大學眼科診所擔任執行院長的經驗和看法，

浩恩醫師的回答，不僅涵蓋了他的職業生涯，還展現了他對創業、職場發展和人生價值的深刻思考。回顧自己的職業發展歷程，浩恩醫師坦言，他最初的夢想是完全從零開始創業，打造屬於自己的事業。然而，受限於資金和經驗等因素，他選擇先以受僱身份積累經驗。隨著時間推移，他逐漸意識到與各領域專才協作的重要性，這讓他對創業的定義、成功人士的形象有了新的認識。

　　浩恩醫師坦誠地分享了，自己對創業概念認知的轉變。他描述了自己早期對白手起家、獨立創業者的崇拜，將其比喻為小說主角般的英雄形象。然而，隨著經驗的積累，他意識到這種觀點，可能存在一些偏差和不切實際的期待。

　　相比之下，浩恩醫師現在更加欣賞「體制內創業」或「體系內創業」的概念。他認為，在現代社會中，即使是大型集團公司內部，也存在許多需要創新和優化的機會。他以海底撈在海外擴張為例，說明即使是成熟企業，在開拓新市場時，也需要具有創業精神的人才。

　　浩恩醫師強調，現代社會是高度互聯的，團隊合作變得越來越重要。他反思了自己過去對個人品牌的執著，認為這種想法可能源於一些虛榮心理。相反，他現在更看重在一個良好的工作環境中發展的機會，特別是在那些重視人才、有完善培訓計劃和良好授權制度的公司。

　　談到自己目前的工作，浩恩醫師表示非常珍惜現在的機會。

共好致富 10個帶你從夢想到實踐的翻轉關鍵！
一起Try共好嗎？

他認為在一個支持員工成長的環境中工作，可能比獨立創業更有優勢。他將這種理念也應用到自己的管理實踐中，強調授權、激勵和培養團隊成員的重要性。

最後，浩恩醫師分享了他對成功的新定義。他追求的是全方位的成功，不僅要在事業上有所成就，還要在生活的各個方面都達到圓滿。他認為，真正的成功不是一個人的英雄主義，而是建立在與他人的良好合作基礎上的共贏。

浩恩醫師的分享不僅展示了他個人的成長軌跡，也為讀者提供了寶貴的人生智慧。他的經歷說明了，職業發展不單純是個人奮鬥的過程，更是一個不斷學習、調整心態，並與他人建立互利共贏關係的旅程。這種全面、成熟的職業觀和人生觀，無疑會給讀者們帶來深刻的啟發。

共好信念不謀而合　共創美好未來

浩恩醫師的分享，與共好協會的理念高度一致。共好關注個人財務健康，更致力於幫助人們實現人生夢想、照顧家庭。

浩恩醫師分享共好協會不僅僅是教人賺錢，而是全方位地幫助人們提升生活品質。他指出，如果一個人的整體狀態還沒有達到一定水平，貿然獲得大量財富，反而可能帶來負面影響。浩恩醫師認為，在追求財務自由的過程中，往往會涉及生活的

方方面面，包括家庭關係等。他讚揚共好協會為會員提供了全面的支持和協助，使人們能夠螺旋式上升，實現人生各個層面的圓滿。

浩恩醫師還表達了對共好協會的感激之情，他不僅從中受益，也樂於分享自己的經驗，體現了共好精神的真諦。

浩恩醫師的專業分享，展示了他作為醫院執行長的專業知識，更是涵蓋了職業發展、人生哲學等深刻話題，也體現了他對身邊的人全面健康的關注。這與他早先分享的全方位成功理念相呼應，再次強調了身心健康的重要性。

共好致富 10個帶你從夢想到實踐的翻轉關鍵！
一起Try共好嗎？

Try 共好嗎？
勇敢嘗試的 TRY 有哪些

・從醫護人員跨足管理職

在累積了豐富的眼科臨床經驗後，徐醫師擔任了豐原大學眼科的執行院長。這對他來說是一個全新的挑戰，他必須學習許多新的技能，如醫療服務流程、醫療品質監測、人員訓練、客服追蹤、設備採購、人員招聘、行銷策略等。

・積極學習理財知識

徐醫師認為，如果在事業方面成功，卻在其他面向跌倒了，這樣的成功，代價沉重，不是真正的成功。真正的成功是全方位的，人生每一個面向 360 度的成功。因此，在深耕專業領域，不斷進修學習的同時，也要關注人生的其他方面，比如理財、家庭、人際、健康、社會責任等。

・在追求財務自由的過程中，兼顧家庭和生活

徐醫師和妻子都來自傳統的中產階級家庭，對財務操作和金融工具的了解幾乎為零。然而，經過多年的學習和實踐，他們逐漸掌握了更多財務知識，開始有了一些被動收入來協助支付開支。在追求財務自由的過程中，他們也兼顧了家庭和生活，

例如在診所剛開業的忙碌時期，他們夫妻曾經多次在週日早上，帶著幼兒園的孩子到診所工作。

更多內容，歡迎在各大平台，收聽我們的 Podcast 節目：**Try 共好嗎？**

可直接掃描 Qrcode
收聽浩恩醫師的專訪：
醫師高收入真的等於幸福嗎？
從租房到豪宅背後的真相

共好致富 10個帶你從夢想到實踐的翻轉關鍵！
一起Try共好嗎？

台味恢復中心創辦人

洪靖家

物理治療師的創業道路

結合共好財務思維　突破逆境實現企業藍圖

　　認識靖家一段時間，除去一開始的生疏，每每在協會遇見他，就是滿滿的熱情與能量，打招呼後，就一個大擁抱，跟以往想像中有偶像包袱的「師字輩」有很大的不同。與靖家的相遇，是因為全台最大的商務引薦平台——BNI 的關係，這個商務平台，充滿著各行各業的老闆或業務負責人，其中也不乏剛創業的經營者。靖家在 BNI 分會中已是翹楚，不僅擔任多次會期的重要幹部，更是引薦生意的達人。更特別的是，也是 BNI 會員中少數醫療人員會員，然而這樣有影響力與專業的他，想要將事業版圖擴大，卻遇到幾乎 100% 創業者都遇到的必考題——公司財務挑戰。

BNI 商務平台是什麼？

在此之前先聊聊 BNI，BNI 成立於 1985 年，是一個全球性且經過驗證的商業網路組織。會員都是專業的商務人士，他們經由對主要核心價值 GiversGain® 的承諾，幫助彼此發展事業。在全球數千個區域，每週會員與其他值得信賴的商業領袖會面，以建立和培養長期有意義的關係，並產生合格的商務引薦。

BNI® 的會員資格可以獲得商務培訓、與同行學習以及與全球數十萬名 BNI® 會員建立人脈網路與開展事業的機會。

而在台灣，BNI 是全台最大的商務引薦平台，目前全台總共有 212 個分會，每一個分會中，會員的專業別必須是唯一，不得重複。根據筆者 2024 年撰寫本書時的數據統計，在過去 12 個月內，台灣 BNI 總共創造了 66 萬筆以上的生意引薦，透過這些引薦所創造的成交金額，高達 297 億新台幣。在全台 9219 位會員中，平均每位 BNI 會員，一年可以給出 72 筆生意引薦，成交價值達 322 萬元，含金量相當的高。本書推薦序中的程萬里 BNI 資深區域董事顧問，亦是透過這樣的體系，在創業生涯中屢創高峰，拓展事業的同時，也協助了非常多步入創業的人，走進平台進而收穫一筆筆的生意引薦。

統整 BNI 的優勢：
- 提升業務推展前景：藉由口碑引薦大幅提升您的業務

品質與數量。

- 職業發展計劃：BNI 提供專業的培訓計劃與業務機會，藉以提高個人演講技巧和商業溝通技能。

- 絕佳的人脈網路：每年您可參加多達 50 場會議，增加對更多商業精英的曝光率。

- 獨有的會員資源：獲取每月時事資訊，以及關於建立人脈、公開演講技巧和經商之道的指南。

- 在每周一次的商務會議上，曝光介紹個人的業務。聚焦商務交流，沒有其他無效社交。

- 您就是專家：在各個分會中，每個業務類別裡只允許一位會員加入，以便消除會員之間競爭的可能性。當一位企業主加入一個分會，就是該業務領域的唯一代表，作為其他會員尋求業務的最佳人選，便可以和大家建立業務合作關係。

- 保證您的競爭力：會員們的專長都是其全職工作，此可確保他們在各個領域中的專家地位。

其中有一個故事，最能呼應 BNI 核心信念 GiversGain®，那就是玉米田的故事，是來自美國 BNI 的創辦人 Ivan Misner 博士的原著書籍。1986 年 Givers Gain 正式成為 BNI 的核心精神，由來是受這篇故事啟發。話說，某一美國最大玉米州南布拉斯州農夫連續四年都得到冠軍，引發了記者的好奇心。記者問老農夫是否有什麼特殊的種子，別人無法擁有？老農夫說，種子

共好致富 10個帶你從夢想到實踐的翻轉關鍵！
一起Try共好嗎？

是我特別篩選出來沒錯，但我都把他分送給我的鄰居一起種植。記者不解。又問說，你既然已分送給鄰居一樣優秀的玉米種子，那為什麼你種出來的玉米品質比別人都好？

農夫回答，因為玉米的授粉往往是會來自隔壁的玉米田，我的玉米田四周，如果都是一樣優秀的玉米授粉源，那我長出來的玉米就會是優秀的，而我只要再更努力一下下，就會收穫最優秀的玉米果實。

而我分享給隔壁鄰居的優良玉米種子，他們都只留著自己用，沒有分享出去，其他的玉米田是比較差的花粉，那配對出來的也不會是最好的玉米，自然無法收穫最優秀的玉米果實。

這個故事是人脈網路原理的一個很好的比喻。

簡單地說：如果你要成為一個有效的人脈網路，你就必須要進入有效的人脈網路之中，承諾幫助其他人，因為這是你會得到幫助的回報，付出者收穫。

我們可以選擇保留好的種子收穫，也可以像這位農夫付出分享，不只自己好，更讓身邊的人都好，影響並改變這個世界的經商之道，讓它越來越好。

這就是關於 BNI 的介紹與核心理念，為何筆者要花這樣的篇幅介紹呢，因為這樣的精神與共好發展總會的創立精神，可以說是英雄所見略同。在稱作殘酷的商業競爭中，有沒有可能是一場沒有輸家的遊戲？ 在 BNI、在共好，是可以達到共好、共贏的局面，BNI 解決了業務拓展的需求，幫助許多企業主、創

業家解決了業務開發的問題。然而這樣的高速成長，需要內外兼具，這裡的內在，就是在講公司財務管理的核心邏輯，對於創業者而言，快速發展當然是甜如蜜，但同時也可能是一個陷阱與瓶頸，正如這篇的故事主角——靖家，隨著參與 BNI，讓他事業發展迅速，但卻碰上財務挑戰。而共好發展總會，更是致力於從財務根本做起，調整財務順序與邏輯，讓夥伴有能力躍升到下一個公司境界。

21 年專業經驗積累　物理治療開業厚實基礎

訪談靖家物理治療師的過程中，除了一樣感受到他滿滿的熱情外，也請他分享了物理治療事業的創業經歷。他首先解釋，物理治療是一種在醫學實證與科學根據之下，非藥物且非侵入性的治療。物理治療師透過專業評估之後，再給予民眾經過設計的治療性運動、適當的徒手治療或關節鬆動術、物理儀器或者其他輔助療法等物理治療介入方法，以使對象維持最大動作功能的能力，專業價值在於讓人們生活品質最大化，可說是一種以「預防、治療及處理因疾病或傷害所帶來的動作、疼痛問題的醫療專業」。總歸來說，主要著重於幫助人們在生理上恢復功能，讓較難行動的人重新獲得行動能力。這也與協會所提供的財務公式調整一樣，透過專業評估後了解學員狀況，給予調整的公式與步

共好致富　10個帶你從夢想到實踐的翻轉關鍵！一起Try共好嗎？

驟，讓學員的財務，從動彈不得，變得輕鬆自由。

關於選擇物理治療這條職業道路，靖家坦言這是因緣際會。因為熱愛運動，他原本想成為運動傷害防護員，但因分數不夠，無法選擇直接相關的科系，不過有志者事竟成，對於恢復人們健康這件事，他還是有一樣的熱情，所以選擇進入物理治療領域。不過，他後來發現，物理治療也能讓他以不同形式參與運動相關工作，反而開拓了更寬廣的發展空間。可以說是「當上帝為你關了一扇門，同時會幫你開一扇窗」，成大事者不糾結，即便與自己預期的選擇不同，但回歸初心，人們自己可以決定自己的人生故事，不是讓外在因素決定，這也是創業家必須具備的負責任心態。

靖家在求學期間，完成艱難且專業的課業與考試後，才發現如果當初選擇運動傷害防護員，雖然專業，但職涯道路相當地窄，服務人數有限，反而物理治療的領域開闊，能選擇的就業方式更多元。剛畢業沒多久的他，就擔任台灣代表隊中華網球、棒球隊以及職棒 Lamigo 桃猿隊的隨隊物理治療師，隨著球隊東征西伐，也間接完成最初的夢想。

當被問到創業動機時，靖家表示，雖然過去曾在大型連鎖醫院及診所服務，但他希望能夠突破現行健保制度的限制，提供更全面的物理治療服務。相較於醫院採比較被動、消極的治療方式，他強調，自己創業可以更自由地選擇治療方式，包括徒手治療、震波治療和復健運動等主動且積極的方式，甚至前

沿的治療科技，可以由他判斷是否使用，透過這些多元的選擇，可以幫助更多人恢復健康。

不過靖家指出，相較於在醫院或診所工作，創業需要自己承擔所有風險、責任和成本。他舉例說明，在疫情期間，許多原本自行開業的治療師，選擇回到醫院或診所工作，當然是迫於生活所困，必須求生存，然而，他反而選擇擴大營業，租下了自己的店面。

靖家引用華倫巴菲特所說的一句名言，「當人們貪婪的時候，就是我們要戒慎恐懼的時候；但是當人們在恐懼的時候，反而是我們要大刀闊斧的時候。」在疫情期間，很多病患因為政府政策而懼怕確診，更別說進行物理治療這樣與人接觸的活動，這無疑對於自行開業的物理治療師是一大震撼，因為支出並沒有停止，然後收入卻雪崩式的下降，原本小康的財務狀況，可能瞬間跌入財務漩渦，這時候大刀闊斧，外人真的覺得他一定是瘋了。

問到靖家這段經歷時，他說：「說真的，我還是沒辦法回答你，為什麼會這麼做」，雖然沒有任何數據或是疫情會緩和的樣子，但支持靖家的信念是，假設做與不做，是一半一半的成功概率，拚，就有 50% 的成功率，但如果不拚，那成功率不是 50% 而是 0%，因為沒有行動，就完全不可能成功。他並不是說不拚就是不好或不對，而這是每個人的選擇，他認為，如

共好致富 10個帶你從夢想到實踐的翻轉關鍵！
一起Try共好嗎？

果你今天是想要有一番作為，你的野心、你的行動要能有 Show hand 的心態，並不是叫你把錢全部撒出去，而是心態上必須要有豁出去的拚勁。沒有 Show Hand 的心態，可能做生意也不會好到哪裡去，做生意反而變成自己像上班，這就有違創業的初衷，反而還要承擔所有風險，不是非常弔詭嗎？

「台味」與物理治療的關係　一探其中信念

聊到開業這件事，靖家分享了他的公司名稱「台味恢復中心」的由來。「台」字包含了三層涵義，第一個台是台灣，這代表國家跟自我認同；第二個台，是台南，這代表他土生土長的家鄉；最後一個台，是台客的台，他強調不是刻板印象的台客，而是反映他直率的個性、愛交朋友、不喜歡拐彎抹角的個性。這台味的三層意義，相當的接地氣。而再看到「台味恢復中心」的 LOGO，除了代表人最重要的脊椎與台灣意象外，左側還有一個半圓，這代表靖家創建台味這個平台，他想要創造的是一個，共好、共榮、圓滿的環境，其實某個程度上跟協會理念是很契合的。

訪談中，靖家展現了他作為創業者的獨特思維和魄力。面對挑戰時，他選擇積極進取，相信只有努力拚搏，才有成功的機會。他的經歷顯示了，創業過程中可能遇到的挑戰，以及克

圖　台味恢復中心團隊夥伴

服這些挑戰所需的勇氣和決心。最終成功創建了屬於自己的物
理治療品牌——台味恢復中心，他的夢想是在全台各地設立據
點，除了專業的技能與服務全台灣的民眾外，更希望能幫助更
多的物理治療師有發揮的舞台。關於靖家的個人經歷包含：

- 中職 Lamigo 桃猿隊隨隊物理治療師
- 美國費雪運動訓練中心實習物理治療師
- 天津東亞運網球代表隊隨隊治療師
- 仁川亞運棒球代表隊隨隊治療師
- 彰化中洲科大籃球隊隨隊治療師

- 台中運動工場復健與體能訓練中心物理治療師
- 中壢華揚醫院物理治療師
- 青埔 Second Wind Gym 顧問

若算上求學期間，21 年浸泡在這個業界的深厚底蘊，讓出來創業的他，能夠應對專業領域的各種狀況。而他的願景與使命如下：

願景：打造有共同目標、有信念的台味——運動醫學團隊，盡力服務任何人，在過程中打造一個有自信、勇於挑戰、負責任的氣氛。

使命：協助台味夥伴運用有架構、正向、積極及專業的引薦行銷計劃，與各領域優質的商務人士，建立長期有意義的關係，來壯大夥伴的事業，並在 6 年內拓展 10 間分店，同時幫助超過 30 位台味夥伴年收入超越百萬、買到自己理想的房子。

核心態度：積極、關懷、責任。

於筆者寫稿的現在，靖家已有 21 年專業資歷，並創業 8 年，在此之前，都在醫院跟診所上班，2008 年畢業後，第一年在診所、第二年在醫院，再來擔任現在的樂天桃猿的前身，la new 熊的隨隊治療師，在職業球隊裡面服務，也自費到美國的費雪訓練中心，自費進修物理治療專業，回來後，還接了兩年的國家代表隊。其中他分享，職業運動員也是一份職業，只是他所貢獻的，主要是體能與技術方面的價值，若以科技產業來比喻，

像是一台機檯，能持續產生效益，而當受傷或不健康時，運作就必須停止。所以，物理治療師就像維修工程師，需要隨時待命搶修，讓職業運動員能在安全的前提下，盡快回到戰場，繼續奔跑。

分享到創業最大的盲點，靖家說，很多人以為只要具備專業技能，就可以自行開業，賺的比在醫院診所多，但其實創業跟專業技能無關，反而要處理的事情，是要花 2~3 倍專業能力之外的精力，來去執行的。他印象最深刻的，是在一開始的工作時數，因為都只有自己一個人，根本就沒有所謂上下班時間，家人的不理解與阻撓，這僅是第一個，就是身邊最親密的人──家庭的壓力；第二是面對這麼多客戶之外，還要處理公司的營運、跑公司的流程、算帳、人事管銷，真的是會讓人瘋掉的一堆事情，到現在想起來都還是餘悸猶存。因為過去沒想過，要面對這些專業以外的事情，但是真的又不得不做。

然而，支持靖家創業的信念，是勇於挑戰，他相信公司的天花板就是老闆，他會持續精益求精，即便事業相當忙碌，仍選擇去進修學習，這也是他很成功，讓自己從一人爆肝型，轉成多員工、打造平台的機會，同時自己還能自由自在，持續發展事業版圖。他說，你的目標多遠大，就是代表這間公司可以發展得空間有多大，而未來整個台味的規劃，是因為堅持服務更多人的信念，他轉念一想，原來他可以去幫助更多的治療師。他預計 2024 年會達到十個人，然後未來六年，要擴展到十間分

共好致富 10個帶你從夢想到實踐的翻轉關鍵！
一起Try共好嗎？

店，分別坐落在桃園跟新竹，更重要的是，他希望他帶的夥伴，三年內年薪一定要破百萬，並且輕鬆有車有房，這也是讓靖家願意非常用心投入在協會的重要原因，因為關於怎麼規劃財務，就是協會課程在行的了。

企業做強做大不可忽視的考題——財務金流

前面談到在創業的過程中，經營管理層面的挑戰，而這條路上，靖家遇到了許多財務挑戰和困難。他分享了自己的經歷，談到當他開始租店面、購買設備和聘請員工時，發現錢似乎會不知不覺地消失。雖然營收比個人創業時多，但支出也大幅增加，導致淨利並沒有明顯提升。

靖家意識到，對公司財務缺乏清晰認知，是一個危險的開始。直到他透過 BNI 商務引薦平台認識了哲昀總會長，並學習基礎必修的財務金流及財富藍圖課程後，才開始改變對金錢的認知。他強調，勇敢面對自己和公司的財務狀況是非常重要的第一步。在寫資產負債表時，他發現自己之前混淆了個人和公司的帳務，這讓他意識到需要將兩者分開。若說到成果的改變，從原本每個月 -15 萬的負現金流，到調整後每個月 +6 萬的正現金流，差距 20 多萬，等於每個月多了這 20 萬可以營運與生活，同時是在有一台百萬 Tesla 及有自己的房子下，生活與家庭的關

係，也漸漸變得更融洽。

在個人財務方面，靖家分享了一個感人的故事。他描述了財務調整後，能夠更自由地滿足孩子的需求，他說，因為單親的關係，總是會擔心與兒子的關係如何，因為還沒買車，過去帶兒子外出，都選擇大眾交通運輸。直到他調整了財務後，即便才剛開始調整的第一步，還沒有走到有結果，但清晰的力量，讓他知道自己每一筆錢的流向。

有了這份安全感，在兒子有次要去玩水時，天空下起了大雨，靖家毫不猶豫的跟兒子說，我們叫計程車吧！他兒子難以置信地看著他，並說道：「爸爸！真的可以嗎？」聽到兒子這麼問，靖家心中感慨這孩子真懂事。後來孩子忍不住體力消耗後的飢餓感，跟爸爸說：「我們可以搭公車去吃東西嗎？」這時靖家一樣毫不猶豫的說：「走！我們搭計程車去！」雖然這都是小錢，但過去的靖家，是因為連錢到哪都不知道，只能盡可能的省小錢卻花大錢，財務狀況並未隨著開業起色，如今，這種有選擇的權力，來自於對財務狀況的清晰認識，久違的財務輕鬆感，讓他感動萬分，每每講到這個故事，就讓靖家不禁落下男兒淚。更別提在之後，透過財務公式，輕鬆購入人生第一台車——Tesla Model Y 時，這讓他的孩子非常興奮，因為這不僅是靖家，也是孩子的夢想科技車款。這一切都要歸功於創辦共好發展總會的劉哲昀總會長。

共好致富 10個帶你從夢想到實踐的翻轉關鍵！
一起Try共好嗎？

利他主義反而更利己　修身齊家治國平天下

　　談到事業經營策略，靖家強調了「利他」的原則。他相信如果周圍的夥伴都能成功，自己也不會落後。這也讓他鼓勵內部員工的升遷和創業，透過他將品牌建立並做大，透過合作方式繼續發展，讓更多物理治療師也能夠成功。他引用了「修身齊家治國平天下」的理念，強調發展事業必須先從自己的財務開始做起。除了財務方面，靖家也談到了人員管理的挑戰。他認為公司的天花板就是老闆，強調老闆必須不斷學習和成長，才能給予員工更多發展空間。他說：「有共識再共事！」

　　團隊成員需要理解公司的方向，以及核心的宗旨，是企業發展至關重要的。目前團隊中的物理治療師，都是因為品牌願景，而自願加入的，並不是透過招募而來。他堅持透過自身言行和成果來吸引人才，而不是單純地去尋找。而這樣的特質，讓一位認識他 9 年的客戶，在得知他要創業時，竟然向他提出天使投資的機會，願意無償的支持他所需的創業資金，甚至不需要任何保證或簽約。靖家驚訝、感謝之餘，也是無比感動，他說這種信任和支持，應該是源於他一直以來清晰地闡述自己的理念，並且言行一致。所以他也敢向員工承諾在三年內實現年薪破百萬、輕鬆買房買車的目標，並強調這不是空話，因為他自己已經做到了。

　　靖家也強調，要實現這些目標，團隊成員也需要學習財務

知識，目前他的夥伴都已參加過財務調整的系列目標，保持與老闆相似的思維。他相信，只要跟隨他的步調，員工們也有機會達成這些目標。

靖家除了分享他如何實現買店面和購買特斯拉 Model Y 的目標外，更最厲害的是，透過參加了一系列完整財務課程，包括財務金流、財富藍圖和財富實踐旅程等，這些課程幫助他更好地管理財務、制定目標和照顧團隊。透過這些學習，讓他拓展的第二間店面，透過財務公式，買的竟然比用租的更加划算，輕鬆無痛購入一間店面。他坦言三年前從未想過會有這樣的發展，但透過規劃和調整，發現這是可以實現的目標，同時更完成他心中的自購企業總部的願景。他強調，除了學習知識，更重要的是付諸行動，持續尋找和協調資源，並勇於向他人請教。

靖家認為，在追求目標的過程中，必須付出代價，如時間和精力。他建議將這個過程視為一種價值交換，清楚了解自己擁有什麼，以及可以用什麼來與他人交換。透過這種思維，他不僅成功實現了自己的創業目標，更讓事業能穩健營運下去。他強調，目標是到 2030 年開設 10 家店面，希望其中 9 家能與合作夥伴共同持有，他認為這種穩固的發展方式，能讓團隊一同成長。

共好致富 10個帶你從夢想到實踐的翻轉關鍵！
一起Try共好嗎？

圖　靖家改善金流狀態後，輕鬆開立台味恢復中心分店。

婚姻關係如同一起創業？ 勇敢真誠面對最加分

　　而在訪談過程中，筆者也透過這個對談，整理了五點建議，與讀者分享如何勇敢面對自己財務的方法：

1.　全面評估財務狀況，包括資產負債、收入支出、固定和變動開支，並計算淨資產。
2.　設定具體、可測量且具挑戰性的短期和長期財務目標。
3.　制定合理的預算計劃，確保每筆錢都花得有意義。可利用理財工具或應用程式來追蹤支出。
4.　管理債務，制定償還計劃，可採用雪崩法或雪球法來償還債務。

5. 尋求專業幫助，必要時請教財務顧問，以獲得個人或企業的理財建議和策略。

面對財務狀況時，最關鍵的是要勇敢並放下身段，坦然誠實的面對財務狀況，才有機會做出改變。

在創業合夥方面，靖家提出了一個重要的觀點。他將創業合夥比喻為婚姻，強調在開始合作之前，雙方必須了解彼此的財務狀況，以及對金錢的觀念和使用方式。他指出，許多人在熱戀或稱兄道弟的階段忽視了這一點，但無論是經營公司還是家庭，都需要金錢輪轉。

靖家強調，如果潛在的合作夥伴，不願意討論財務問題，那麼甚至不值得繼續談合作。他認為，雖然有人認為談錢很俗氣，但卻很實際。他建議先談錢，把事情說清楚，這樣可以避免日後出現更大的問題。

截止文章撰寫時，已經有 26 個家庭，因為靖家分享的經驗，開始學習調整自己的財務順序，並達到財務健康的狀態。而他也僅開始學習 2 年的時間，其中幫這些朋友保留下的財富價值，高達 28,500,000 元，並參加了協會大型活動如下：

111/10/08 共享寰宇，好在築夢

112/05/20 綻放初心，展翅遠航

112/06/09 共享初夏，好玩沖繩

112/11/04 共享幸福，好在有你

113/03/02 共好領航，乘風翱翔

113/05/23 共遊峇里，好玩有你

更有三個夥伴願意與他一起推廣財商知識。

　　創業始終是件不容易的事，經過靖家這麼多的嘗試與TRY，在與協會合作後，更是讓自己與夥伴，都能更加安全的發展，期待未來的路，讀者們能一同見證台味恢復中心的發展。

Try 共好嗎？
勇敢嘗試的 TRY 有哪些

·離開舒適圈，勇於創業

　　靖家原本在醫院和診所擔任物理治療師，擁有穩定的工作和收入。然而，他不滿足於現狀，希望能夠突破現行健保制度的限制，提供更全面的物理治療服務。因此，他毅然決然地辭去工作，創辦了自己的物理治療中心。

·面對挑戰，逆勢成長

　　在創業過程中，靖家遇到了許多挑戰，例如疫情導致的收入下降、人員管理的困難等。然而，他並沒有因此氣餒，而是積極尋求解決方案。例如，他在疫情期間擴大營業，租下了自己的店面；他還透過學習財務知識來提升管理能力。

·利他共贏，打造平台

　　靖家不僅希望自己成功，也希望幫助更多的物理治療師。因此，他創辦了「台味恢復中心」，並制定了雄心勃勃的發展計劃。他希望在未來六年內拓展 10 間分店，幫助超過 30 位台味夥伴年收入超越百萬。

共好致富 10個帶你從夢想到實踐的翻轉關鍵！
一起Try共好嗎？

更多內容，歡迎在各大平台，收聽我們的 Podcast 節目：**Try 共好嗎？**

可直接掃描 Qrcode
收聽靖家物理治療師的專訪：
專訪職棒物理治療師！
揭露輕鬆置產黃金店面秘訣

美業創業家

楊佩樺

美麗與財富我都要：
美業創業家佩樺的財商學習之路

　　佩樺是一位在美業界奮鬥十年的企業家，她分享了自己跌宕起伏的人生經歷，和充滿挑戰的職業發展歷程。

　　佩樺開始娓娓道來她的精彩故事。她回憶道，最初對美甲產生興趣是在 18 歲那年。當時的她正在半工半讀，一次偶然的機會，她看到一位客人做了水晶指甲，頓時被這種能讓指甲變長、變漂亮的神奇技術所吸引。這次經歷在她心中埋下了美業的種子，但由於當時學徒的薪水僅有 8,000 元，連房租都付不起，所以她不得不暫時放棄這個夢想。

家逢巨變人生轉折　一肩扛起責任

　　佩樺的人生轉捩點，發生在大學三年級時。她的父親突然被診斷出肝硬化，而她憑藉著強烈的直覺，預測到情況比表面看起來更嚴重。在短短五天內，她果斷地做出了休學、辭職，

並帶著當時的男朋友（現在的丈夫）和寵物貓，從台北搬回台中。不幸的是，她的預感成真，父親在五天後離世。

作為長女，21歲的佩樺認為自己有責任，要扛起家庭的經濟重擔。考慮到家裡還有兩個年幼的弟弟、需要照顧的母親以及祖父母，她意識到普通工作的薪水，無法滿足家庭需求。經過深思熟慮，她選擇了收入無上限的保險業，希望透過自己的努力，突破收入天花板。

在保險業，佩樺展現出非凡的才能，很快就躋身業界前幾名。她不僅還清了家裡的債務，還積累了一定的被動收入。正是這份收入，為她重拾美業夢想，提供了經濟支持。

當經濟壓力減輕、弟弟也都長大後，佩樺重新燃起了對美業的熱情。她從基層做起，起初薪水僅有 4000 元，但她並未因此氣餒。憑藉著堅持和毅力，以及恩師不厭其煩地教導跟包容，她逐步擴展自己的技能，以美甲為首，進而再學習了睫毛與紋繡。幾年前，在某位恩師邀請下，她參加了 2022 年 PEA 國際美業創意大賽，出人意料地在紋繡組摘得桂冠，為自己的職業生涯錦上添花。

在整個職業生涯中，佩樺展現出非凡的適應力和進取心。她認為每個人生階段都有其最佳狀態，重要的是要懂得急流勇退的藝術，尋求新的挑戰和成長機會。正如她在保險業達到巔峰時毅然轉行，在美業比賽獲得總冠軍後，也選擇轉向更高階的發展，成為一名老師。

共好致富 10個帶你從夢想到實踐的翻轉關鍵！
一起 Try 共好嗎？

佩樺的故事生動地展示了，如何在面對人生變故時，保持韌性，以及如何在職業生涯中，不斷進步和轉型。她的經歷不僅激勵人心，更為那些正在尋找自我實現道路的人，提供了寶貴的啟示。

女性為主的產業　如何擁有不敗心法

與佩樺的對話，深入探討了女性在美業中的發展以及創業歷程。美業是一個以女性為主導的行業，約 90% 的從業者和老闆都是女性。作為一個女性，在這個行業中，需要特別注意哪些方面呢？

佩樺的回答充滿了智慧和洞見。她強調，不論處於什麼狀態，女性都必須保持經濟獨立。她解釋道，女性在職業生涯中，可能會面臨比男性更多的挑戰，尤其是在結婚生子後。懷孕期間的不適，可能迫使一些女性暫時放棄職業發展，儘管也有一些堅強的女性，會堅持到生產前一刻。然而，即使有著這些限制，女性仍要保持自己經濟的獨立性。

佩樺特別強調了保持自我價值的重要性。她以自己的家庭經歷為例，講述了父親突然離世後，原本是家庭主婦的母親，因缺乏經濟獨立能力，而陷入困境的情況。這段經歷讓佩樺深刻認識到，每個人都應該擁有自己的價值，不能完全依賴他人。她表示，

即使自己的丈夫有能力養家，她仍然選擇保持自己的事業，因為她想要以自己的身份，而不是某人的妻子或母親而存在。

當被問及此一觀念是否源於父親離世的經歷時，佩樺承認最初確實感到負面和困惑。她描述了當時家庭突遭變故，母親無助如孩童的場景，以及自己不得不迅速成長，並扛起家庭責任的過程。然而，她繼承了父親積極正面的態度，很快就意識到必須振作起來，為家庭謀生計。

關於自己的創業歷程，佩樺回憶道，她很幸運地得到了老師的支持，在老師搬到新店面時，獨立出來成為個體戶。儘管之前只有美甲的經驗，缺乏經營美睫店的經驗，但她憑藉在保險業培養的業務能力，逐漸積累了客戶。

佩樺坦言，創業之路並非一帆風順。她將創業比喻為在荒地上開墾，從一無所有，到最終建立起一片可以讓人乘涼的綠洲。她強調這個過程充滿挑戰，需要經歷低潮期和起步期，是一段艱辛但值得的旅程。

透過佩樺的分享，我們看到了一位堅強、獨立且充滿智慧的女性企業家形象。她的故事，展現了女性在職場中面臨的獨特挑戰，也彰顯了經濟獨立對女性的重要性，以及在逆境中保持積極態度的價值。

佩樺回憶起創業初期，遇到的最大挑戰之一，是來自客戶的批評。作為一個自尊心強、性格倔強的人，她最初很難接受客戶的否定性評價。然而，她很快意識到，作為付費的顧客，

共好致富 10個帶你從夢想到實踐的翻轉關鍵！
一起Try共好嗎？

圖　佩樺施作美睫時，致力讓每位客人美美地走出門。

客戶有權表達不滿。這種經歷雖然讓她的自尊受到打擊，但也激發了她追求卓越的決心。她將客戶的批評視為改進的動力，立志要做到讓批評者無話可說。

　　除了客戶方面的挑戰，佩樺還面臨著經營管理上的困難。她提到，創業初期最可怕的是，擔心沒有客戶光顧，即使店鋪位於人流量大的地方。她深知，只要技術不好或服務態度不佳，就可能失去客戶，甚至面臨負面口碑的風險。

在談到如何應對這些挑戰時，佩樺強調了心態的重要性。她認為，面對各種性格和脾氣的客戶，是需要經驗的，而在缺乏經驗的情況下，錯誤的應對，可能導致客戶流失，甚至影響整個店鋪的氛圍。她坦言自己不擅長營銷，主要依靠口碑來做生意，因此在客戶應對上格外用心。

佩樺還特別強調了創業資金的重要性。她認為，沒有足夠的本金支撐，創業將面臨巨大風險。她將創業比喻為買股票，強調有足夠的資金，才能在低谷時期堅持下去。她分享了自己過去對於存款的執著，總是希望銀行帳戶保持在一個特定的數字以上，才能獲得安全感。

重新理解財務　突破原有的安全感框架

當談到 2021 年新冠疫情對其事業的影響時，佩樺描述了一段艱難的時期。在疫情最嚴重的時候，她的生意一度慘淡到一個月只有兩個客人。這不僅給她帶來了經濟壓力，對病毒傳播的恐懼，也讓她不敢執業。面對這種困境，佩樺一度嘗試了線上博弈等其他賺錢途徑，雖然有賺到錢，但最終發現這並不能帶來真正的快樂及長期正向價值，於是果斷放棄。

在財務管理方面，佩樺分享了她接觸到共好發展總會的經過。她提到，早在疫情之前，她就已經閱讀過一些理財書籍，

共好致富 10個帶你從夢想到實踐的翻轉關鍵！
一起Try共好嗎？

也嘗試過股票和基金投資，但都沒有取得理想的效果。直到她透過 Vicky 了解到協會的存在，才開始系統性地學習財務管理。

佩樺形容協會的學習過程，就像是從地基到毛坯房的建造過程，而個人的持續學習，則是進一步的內部裝修。她強調，理論知識固然重要，但實踐和有經驗的人指導更為關鍵。正是因為對 Vicky 的了解和信任，加上自己之前對財商知識的接觸，佩樺毫不猶豫地加入了協會的學習。

透過這段經歷，我們看到了佩樺作為一個企業家的成長過程。她從最初面對客戶批評時的難堪，到後來將挑戰視為進步的動力；從單純依靠直覺經營，到系統性地學習財務管理知識。她的故事不僅展現了創業路上的艱辛，也彰顯了持續學習和適應能力的重要性。

著名的財商書籍《富爸爸窮爸爸》指出，雖然這本書啟發了全球無數人，但要將其中的知識付諸實踐，卻並非易事。共好發展總會提供了一套系統性的方法，幫助人們將書中的理論，轉化為實際可行的財務管理策略。

佩樺分享了她在協會學習過程中的經歷。起初，她面對自己的財務狀況感到抗拒，尤其是在填寫資產負債表時。她坦言，自己一直逃避這個任務，因為她意識到自己可能是一個月光族，收入多少就花多少，沒有積累。在朋友 Vicky 的鼓勵下，她終於勇敢面對了自己的財務狀況，發現自己當時其實是處於負向現金流的狀態。

經過財務調整後，佩樺的資產狀況發生了顯著變化，從負債轉為正資產。更重要的是，她的財務觀念也發生了翻轉性的改變。她不再因為銀行帳戶餘額的波動，而感到恐慌，因為她理解了錢的流動和作用。佩樺強調，這種心態的轉變，使她從被錢控制變成了控制錢。

在談到財務調整對美業事業的影響時，佩樺指出，經濟壓力的減輕，讓她能夠更自由地發揮創意。她不再因為經濟因素而壓抑自己的想法，可以更專注於提升服務品質和發展新的創意。佩樺強調，當不再被金錢追著跑，而是感覺錢在追著自己時，整個工作狀態變得輕鬆愉快。

此外，佩樺提到了財務健康帶來的另一個重要變化——她有了選擇客戶的自由。她不再因為經濟壓力而接受所有客戶，而是可以選擇與自己理念相符的客戶合作。這種篩選不僅提高了工作品質，還改善了她的人際關係，讓她周圍都是積極正面的人。

佩樺還特別強調了財務自由對家庭生活的積極影響。她現在有更多時間陪伴孩子、改善了與丈夫的溝通，這些都是她以前因為工作忙碌而難以兼顧的。她感慨地表示，孩子的童年只有一次，她很慶幸現在能夠參與其中。

最後，佩樺鼓勵其他美業從業者，勇於面對自己的恐懼，重新規劃時間、投資自己的未來。她以自己的經歷為例，說明了如何克服對失去客戶的恐懼，如何重新安排工作時間，以便學習和休息。佩樺強調，真正有價值的客戶，不會因為時間調

共好致富 10個帶你從夢想到實踐的翻轉關鍵！
一起Try共好嗎？

整而離開，重要的是要提升自己的價值。

有底氣才有硬實力　財務健康成爲最好後盾

佩樺展現了真正的勇氣——不是無知無畏，而是在知道恐懼存在的情況下，仍然選擇面對。鼓勵大家跨出舒適圈，嘗試新事物，以獲得不同於現狀的結果。財務管理知識對個人生活和事業的深遠影響，面對恐懼、勇於改變的重要性。佩樺的經歷為許多處於類似情況的人，提供了寶貴的經驗和鼓舞人心的榜樣。

談到在美容產業打拼多年，如今已成為師字輩的佩樺，對於想要跨入美業的年輕女性或中年轉職者，有何獨到見解呢？她首先強調，踏入這個競爭激烈的行業前，必須確保有足夠的財力和底氣。佩樺回想起自己當初能夠創業成功，很大程度上得益於保險業帶來的被動收入，為她提供了穩定的現金流，讓她能夠度過最艱難的創業初期。

佩樺諄諄告誡有志於美業的人士，不要貿然創業。她建議先調整好財務狀況，確保有穩定的資金來源，無後顧之憂。這可以是做一些計畫性產生被動收入的管道，或者是自己先做好財務規劃，達到足以應對創業過程中出現的不預期狀況，就是所謂創業的底氣。

對於創業，佩樺認為關鍵不在於難易，而在於持久率。她

強調，重要的不僅是開業，更要開得好，能長久經營。為此，她建議先打好財務基礎，就像蓋房子要先打好地基一樣。

佩樺特別強調學習財商的重要性。她認為，只有先學會管理財務，才能無後顧之憂地專注學習美業技能。她觀察到，很多學生選擇邊工作邊學習，但這樣的效果往往不如全心投入。她理解學生需要現金流，但也指出就是為了要賺到更多的現金流才來學習，卻因為現實的壓力而無法好好的發揮，著實可惜。也有很多的學生礙於現實的考量，並沒有往這個方向繼續發展前進，也失去當初的初衷。

佩樺提出了一個反向思考的觀點：不是先賺錢才能學習理財，而是要先學習理財，才能吸引財富。她鼓勵人們要勇於做與眾不同的事，用逆向思維來思考問題。

談到自己的保險業經歷，佩樺透露她主要銷售醫療險。她父親的早逝，讓她深刻認識到保險的重要性。也使她在銷售保險時更有說服力和使命感。她感激父親的離世啟示，雖然令人傷痛，但避免了家庭陷入長期的經濟危機。

家庭與事業的天秤難題　給現代女性的金玉良言

關於女性的獨立和價值，佩樺強調女性的影響力不容小覷。她指出歷史上有許多因女人而覆滅的帝國，說明女性的力量。

共好致富　10個帶你從夢想到實踐的翻轉關鍵！
一起Try共好嗎？

她認為女性比男性更具韌性和靈活性，在事業中可以扮演柔軟而靈活的角色，與男性的剛強互補。

佩樺堅信女性應該有自己的想法和經濟能力。她提醒，千萬不要相信任何人告訴妳：「我照顧妳一輩子、養妳一輩子」這種雖感動卻不實際的語言，每個人的承諾請相信那都只是當下，不會是真的永恆，若妳真的相信了，是妳的錯，而非他人的錯。

談到家庭與事業的平衡，佩樺指出台灣社會對女性的不公平期望。社會對單親媽媽和單親爸爸的評判，是雙重標準的，在這社會上，單親這件事情對於父親是給予正向鼓勵，但對母親卻是給予反向操作，覺得女人帶著孩子都是應該的，男人帶孩子就是負責任的表現，值得嘉獎。她建議女性要謹慎選擇伴侶，找一個負責任、願意共同承擔家庭責任的人。佩樺鼓勵女性追求事業成功，即使是單親也要自信地撫養好孩子，或在雙親家庭中爭取平等的育兒責任分擔。

繼續與美業企業家佩樺進行深入對談，探討了年輕女性的擇偶條件、財務規劃以及個人成長等話題。

關於年輕女性的擇偶條件，佩樺提出了一個獨特的建議──觀察對方的房間。她認為，一個人的房間狀況，能反映出他的生活習慣和自理能力。如果一個男生的房間凌亂，無法自己整理，那麼很可能在日常生活中也缺乏自理能力。佩樺強調，重要的不僅是現狀，還要看對方是否願意學習和改變。她以自己的丈夫為例，先生在對於照顧伴侶以及家人的狀態，都是從

懵懵懂懂到現在不斷的成長進步加上再突破。

　　她發現這其中關鍵是她有強烈的企圖心，以及想要更好的想法，一步一步實踐了她年少就設立的夢想與目標，這些都是透過願意改變、願意成長得來的結果。

　　在談到自身的財務規劃時，佩樺分享了她購買特斯拉 Model X 的經歷。她解釋道，這次換車不僅是為了滿足家庭需求，還涉及到一個更全面的財務整合計劃。透過與共好協會的合作，

圖　佩樺於 2023 年 06 月，輕鬆牽回夢想車款——特斯拉 Model X

共好致富 10個帶你從夢想到實踐的翻轉關鍵！
一起Try共好嗎？

她實現了換車的同時，還達到了不用再繳納車貸和房貸的效果。佩樺強調，這種財務規劃的核心，在於保留現有資金的價值，並透過合理的規劃來對沖各種支出。

對於那些在財務上感到困難的人，佩樺給出了一個富有洞察力的建議。她認為，人們需要勇敢面對自己的恐懼，理解自己畏懼什麼，並嘗試消化或淡化這些恐懼。佩樺以自己的經歷為例，說明克服恐懼是一個漸進的過程，需要從小事開始，逐步建立信心。她強調，面對未知和改變雖然令人恐懼，但不採取行動可能會導致更大的風險。

財富實踐旅程　全「心」收穫

最後，佩樺分享了她參加「財富實踐旅程」課程的感受。她表示，這個課程不僅僅關於財富積累，更是一次全面的自我成長之旅。課程幫助她在人際關係和自我認知方面都有了顯著提升。佩樺強調，一個人的心智成熟度，直接關係到他能夠駕馭的財富數量。她認為，這個課程不僅教導如何積累財富，更重要的是培養駕馭財富的能力，以及如何平衡財富與人生其他重要方面的關係。

透過這場對談，佩樺展現了她作為一位成功女性企業家的深刻洞見。她不僅分享了實用的財務建議，更強調了個人成長、

關係管理和心智成熟，在財富積累過程中的重要性。她的經歷和見解，為大家提供了寶貴的人生智慧，展示了財富積累不但是一個數字遊戲，更是一個全面的個人發展過程。

佩樺分享了她在「財富實踐旅程」課程中關於人際關係方面的收穫和一些具體案例。

佩樺首先談到了她與母親關係的改善。她坦言，以前她和母親常常發生爭執，但透過課程學習後，她意識到問題往往源於自己的心態。調整心態後，她與母親的關係明顯改善。這種改善不僅限於與母親的關係，還擴展到了與弟弟、兒子和丈夫的關係。

佩樺強調，最大的變化是溝通方式的轉變。她學會了用理性而非情緒來討論問題，這使得家庭成員間的交流更加有效。特別是在與兒子的溝通中，佩樺學會了從兒子的角度看問題，理解他的世界，這大大改善了他們的關係。

在與丈夫的關係方面，佩樺也取得了進步。她的丈夫從最初對財務狀況不願意改變，到現在願意讓佩樺參與管理他的財務。佩樺強調夫妻一起成長的重要性，而不是各自安好。當被問及目前的家庭和事業狀況時，佩樺表示她現在每天都過得很舒服，無論是家庭生活還是事業，都達到了她人生中最好的狀態。

而不僅是發生在她自己身上，佩樺分享了一個印象深刻的案例。她提到一位非常會賺錢的客戶，原本因工作而被嚴重束縛。透過佩樺的幫助和財務調整，這位客戶實現了「原地退休」，

共好致富 10個帶你從夢想到實踐的翻轉關鍵！
一起Try共好嗎？

不再需要於節假日被工作綁住。

最後，佩樺談到了自己的情況。她提到自己已經實現了「半自由」，雖然有足夠的被動收入可以不工作，但她選擇繼續工作，因為她喜歡自己的工作，不想與社會脫節。她強調，人生的意義在於體驗各種事情，包括與客戶和朋友的交流，這些都是她珍視的經歷。

佩樺的分享展示了財務自由不僅僅是關於金錢，更是關於生活品質和個人價值的實現。她的經歷說明，真正的自由是能夠選擇做自己喜歡的事，而不是被經濟壓力所迫。

截止文章撰寫時，已經有 14 個家庭，因為佩樺的影響力與經驗分享，開始學習調整自己的財務順序，並達到財務健康的狀態。而她也僅開始學習 1 年的時間，其中幫這些朋友保留下的財富價值，高達 34,300,000 元，為原本不了解財務狀況的人，能有清晰的道路，走上財務健康。

Try 共好嗎？
勇敢嘗試的 TRY 有哪些

·不怕挑戰，勇於嘗試新事物

佩樺在創業初期遇到了許多困難，包括客戶的批評、經營管理上的難題、財務壓力等。但她沒有被這些困難所擊倒，而是勇敢地嘗試新的方法，最終克服了這些挑戰。

·不斷學習，提升自我

佩樺深知自己在美業方面還有很多需要學習的地方，因此她一直保持著積極學習的態度。她參加了各種培訓課程，並向其他優秀的同行學習，不斷提升自己的技能和水平。

·財務規劃，爲夢想保駕護航

佩樺在學習了財務管理知識後，對自己的財務狀況有了更加清晰的認識。她制定了合理的財務規劃，為自己的事業和生活提供了保障。

更多內容，歡迎在各大平台，收聽我們的 Podcast 節目：**Try 共好嗎？**

可直接掃描 Qrcode
收聽佩樺闆娘的專訪：
從生計壓力到不再追著客人跑，
資深美業達人理財專訪

富初行動創辦人

李鎮宇

內在成長課程創辦人
如何讓不穩定變成優勢？

　　許多人都有創業夢，但很少人是在年紀輕輕就開始，在這個追尋夢想的時代，許多創業者常常面臨資金短缺和公司營運不良的困境。如何在有限的資源下成功創業，成為了大部分創業者最大的挑戰和疑問。

　　本篇專訪了一位年僅 25 歲就開始創業的青年創業家，他是《富初行動》內在成長課程的創辦人——李鎮宇。鎮宇在創業初期，面臨資金短缺和資源不足的困境，經常需要額外打工來補貼公司的財務。他一度因為兼顧公司，和接案打工補貼公司營運，過度勞累發生車禍差點失去生命。然而，透過共好發展總會提供的財務調整和創業輔導課程，他成功地調整了個人財務，並大幅改善了公司的營運狀況。

　　鎮宇分享他的創業心路歷程，以及共好發展總會的課程對他事業的重要幫助。除了創業挑戰，他也將深入討論他的公司如何著重內在成長和關係修復。他認為，在創業旅程中，無論是與家人的關係，還是與團隊的合作，都是至關重要的元素，

財務與關係之間的相互加乘，則是成功實現夢想的關鍵。

現年 27 歲的年輕創業家鎮宇，他在 25 歲時就創立了一家專注於內在成長的公司。在這個快節奏的時代中，選擇了一條不尋常的道路，開始了老闆這個身分。鎮宇的公司名為《富初行動》，專門提供內在成長課程，核心圍繞在，幫助人們重新建立人與人之間的連結與關係。

鎮宇的眼神中，總是閃爍著青春的活力和智慧的光芒。他坦言自己雖然年輕，但已經感受到了時間的流逝，這讓他更加珍惜當下，努力追求自己的夢想。

創業起心動念　源於特殊的緣分

好奇地詢問鎮宇，為什麼在如此年輕的年紀就選擇創業。鎮宇深吸一口氣，娓娓道來兩個改變了他人生軌跡的故事。

第一個故事發生在他的高中時代，鎮宇是熱舞社的成員，為了籌集成果發表會的資金，他們在淡水老街表演街舞籌款，當時路人的打賞，可能是 10 元、100 元這樣的金額。而有一位陌生的老太太被他們的表演吸引，看著這群年輕人，她走上前詢問辦理成果發表會需要多少資金，鎮宇當下一時也答不上來，這位老太太竟然慷慨地贊助了 10 萬元。

當然，鎮宇與高中熱舞社的夥伴，舉辦了一場非常高品質

　10個帶你從夢想到實踐的翻轉關鍵！
　　　　　　　　　一起Try共好嗎？

的成果發表，同時也邀請這位善心人士到場，當她上台說道，原來因為她沒有辦法有小孩，看見鎮宇所帶領的這群年輕人，為了夢想在太陽下募款，覺得非常感動，於是有了支持他們的念頭。這次經歷讓年輕的鎮宇，深深體會到世界上還有許多善良的人，也埋下了他想為社會做出貢獻的種子。

第二個轉折點出現在大學即將畢業時，鎮宇因為朋友的介紹參加了一個內在成長課程，從中獲得了巨大的收穫，不僅改善了人際關係，也讓自己有了很大的轉變。這次經歷喚醒了他高中時的夢想，促使他決定將內在成長與社會貢獻結合起來。

鎮宇的經歷聽起來像是電影情節，但也充滿創業之路的挑戰。鎮宇坦言確實如此，但他的眼中依然閃爍著堅定的光芒。鎮宇回憶起大學畢業時的迷茫，以他所就讀的科系，他有多個職業選擇，包括生物科技研究員、補習班老師等。加上當時感情生活出現波折，這些因素促使他探索自我，最終選擇了內在成長這條道路。問到為什麼畢業後沒有立即創業，而是先從舞蹈教學開始？鎮宇解釋說，他最初是透過一個結合舞蹈和內在成長的公會，才接觸到創業這個領域的。隨著時間推移，他發現自己對內在成長課程的興趣遠超過舞蹈。

鎮宇也提到了高中時那位慷慨贊助的老太太，雖然很想再次聯繫她表示感謝，但已經失去了聯繫方式。他感慨地說，也許那位老太太的使命，就是在那個時候給予他啟發，如今已經完成了自己的任務。

而這條路當然絕非一帆風順，來自人生不能割捨的關係——家庭的挑戰，也隨著他的畢業，必須開始面對，提到自己如何說服父母支持他，追隨內在成長的經歷。起初，他在天母開設了舞蹈教室，但後來因為疫情影響而不得不關閉。這次挫折讓他意識到，單靠舞蹈技能可能難以維持生計，也促使他更加堅定地走上了內在成長課程的道路。談到父母的看法，鎮宇深吸一口氣，眼神中閃過一絲複雜的情緒，開始分享他的成長經歷。

不讓關係成為課題　找到心底的動力

　　鎮宇的父母是傳統市場的商販，從小他就很少能與父母相處。他回憶道，每天回家時父母已經入睡，早上去上學時父母早已出門工作，家庭旅行或一起用餐的機會寥寥無幾。更讓他印象深刻的是，父母從未參加過他的任何一次家長會或畢業典禮。雖然語氣中帶著一絲遺憾，但並無怨恨。他解釋說，這種生活方式造成了他與父母之間的距離感。然而，參加內在成長課程後，他決定改變這種狀況。

　　有一天，鎮宇回家後給了母親一個擁抱。這個突如其來的舉動，讓他的母親感到驚訝和困惑。當母親問他為什麼這麼做

共好致富 10個帶你從夢想到實踐的翻轉關鍵！
一起Try共好嗎？

時，鎮宇坦率地表示，他只是想表達對她的愛，即便媽媽說，一般家庭沒有這樣擁抱的啦，鎮宇開心又天真地說，我們可以不當一般家庭。這個簡單而真摯的舉動，成為了他們關係改善的轉折點。

他繼續說道：「我發現，關係是可以改變的。我們變得更親近，更容易理解彼此。有時候，只需要有人邁出第一步。」提到是如何說服父母支持他，追求內在成長這條職業道路的呢？鎮宇微笑著回答：「其實，當我向父母表達了我的想法後，他們的反應出乎我的意料。他們說，如果這是我想做的，他們就支持我。只是要記得照顧好自己。」他補充道，雖然當時選擇舞蹈事業確實很辛苦，收入不穩定，還要經常接受特殊訓練，但父母的支持給了他莫大的力量。

不過，大多數人在大學畢業後，都會追求所謂的「外在成長」，比如職業發展或收入增長。鎮宇卻選擇了追求「內在成長」，這聽起來可能有點虛無縹緲，到底什麼是內在成長？鎮宇認真思考了一下，然後回答道：「我理解有些人可能會將內在成長與一些玄學的東西聯想在一起。但實際上，我經歷的內在成長課程，更注重實際體驗和生活應用。」

他進一步解釋道：「內在成長的核心是學習如何處理關係，以及面對困難的能力。在生活中，我們經常遇到挑戰。很多人

選擇逃避或不去面對，但內在成長教會我們如何調整心態，勇於面對困難，甚至學會向他人求助。」

鎮宇的眼神變得堅定，他繼續說：「這些能力雖然不像房子或車子可以用數字衡量，但它們對我們的生活品質有著深遠的影響，它們可以提升我們的人際關係，增強我們的韌性和適應能力。」

提到對於內在成長，普遍的質疑會是：「這不就是保持積極心態嗎？為什麼要特地去上課？」鎮宇笑了笑，回答道：「我通常會反問他們，你現在的生活狀態是否完全令你滿意？大多數人都會承認有些方面還不太理想。那麼，這些不滿意的地方，可能就是我們沒有注意到的盲點，需要透過學習和成長來改善。可以理解為軟實力的培養，但我想強調的是，這種學習最有效的方式是透過體驗。」

內在成長與創業　兩條平行線可以交集嗎？

他解釋道，市面上的課程大致可以分為兩類：一種是講授式的，另一種是體驗式的。鎮宇發現，雖然講授式課程的老師可能講得很激情洋溢，但學生的實際吸收程度往往較低。相比之下，體驗式課程透過各種活動和環節，讓學員在實踐中發現自己的問題，並在當下進行調整和改變。

共好致富　10個帶你從夢想到實踐的翻轉關鍵！
一起Try共好嗎？

鎮宇的眼中流露出熱情：「這種新的體驗可以直接帶到生活中去運用。它不僅僅是在腦袋裡裝知識，更是在身體裡產生感覺，讓改變更加深刻和持久。」提到開設公司，鎮宇的表情變得嚴肅起來，準備分享他創業路上的艱辛經歷。他的眼神中閃過一絲堅毅，娓娓道來那段充滿挑戰的日子。

　　當時 25 歲的鎮宇，懷著一腔熱血和單純的想法，決定自己創立公司。然而，現實很快就給了他當頭棒喝。「我當時甚至不知道該如何開公司。」鎮宇回憶道，臉上浮現出一絲苦笑。他只能透過網路一步步查詢流程，從工商登記到開立銀行帳戶，再到請會計師辦理相關手續，每一步都充滿了未知和挑戰。

　　組建團隊是鎮宇面臨的另一個難題。他找到了幾位在之前課程中有過交集的學員，邀請他們加入這個沒有任何保障的創業計劃。鎮宇的眼中閃爍著感動，「那時候真的很感動，有五六個夥伴願意和我一起，儘管沒有底薪、沒有勞健保，什麼都沒有，我們純粹是因為相信這件事對社會有幫助。」

　　然而，理想很豐滿，現實卻很骨感。鎮宇和他的團隊很快就遇到了市場推廣的困難。「很多人不理解為什麼要參加這樣的課程。」鎮宇解釋道。為了吸引學員，他們嘗試了各種方法，包括舉辦免費講座和半日工作坊，希望能夠吸引人們進來上課。

　　鎮宇的創業夥伴是他的好友貢丸。然而，隨著時間的推移，

兩人的分歧逐漸顯現。鎮宇回憶起那段艱難的時期，語氣中帶著一絲無奈。「因為公司一直沒有賺錢，大家都變得很急躁。」事情的轉折點發生在一次線上會議中。鎮宇和貢丸因為意見不合而爆發了激烈的爭吵，「如果那天是實體會議，我們可能真的會打起來。」鎮宇苦笑著說。最終，貢丸決定退出，專注於發展當時協會剛草創的特斯拉出行產業鏈。

這段經歷對鎮宇來說，無疑是個沉重的打擊。他描述自己當時的感受，「那段時間我感到非常孤獨，就像是在單打獨鬥。」然而，鎮宇並沒有放棄。他意識到，如果連自己的關係都處理不好，那麼他所學的一切都將失去意義。

經過一段時間的冷靜，鎮宇主動找到貢丸，坦誠地表達了自己的感受。「我告訴他，失去一個好戰友和好夥伴，我真的很難過。」鎮宇回憶道。這次坦誠的交流成為了他們關係修復的開始。

隨著時間的推移，鎮宇和貢丸的關係逐漸改善。他們從競爭對手變成了互相激勵的朋友。「我們變成了很好的對手和朋友，互相激勵對方不斷進步！」鎮宇微笑著說。然而，創業的困難並未就此結束。鎮宇回憶起那段艱難的日子，他不得不在外面打工賺錢，然後將所得全部投入公司運營。「有一次我開著特斯拉去打工，公司的員工看到都覺得很好笑，」鎮宇苦笑著說。

面對這樣的困境，鎮宇也曾感到迷茫和沮喪。「我想要做一件好事，但原來不是只有好的想法就可以了。」他感慨道。

共好致富 10個帶你從夢想到實踐的翻轉關鍵！
一起Try共好嗎？

在一次幾乎要放棄的時刻，鎮宇找到了共好發展總會的哲昀總會長尋求幫助。

哲昀總會長給了鎮宇一個重要的提醒：「開公司最重要的第一件事就是要賺錢。」這句話雖然很平淡無奇，卻讓鎮宇醍醐灌頂。他開始重新審視自己的商業模式，調整營運策略。當時鎮宇的公司連像樣的財務報表都沒有，只能東拼西湊的整理出數據，而哲昀總會長一看，就發現真正的關鍵是，他的商業模式幾乎就是 100% 賠錢，需要重新設計。

圖　陪伴鎮宇一同成長的九似賦初團隊夥伴。

跌跌撞撞創業路　口袋僅剩 5000 元

　　而提到了鎮宇是如何加入共好發展總會的。這一切要從他重逢的老朋友培倫說起。培倫是鎮宇在舞蹈圈的大前輩，主要負責財務與行政管理，印象中的培倫前輩，日子其實過得吃不飽、穿不暖，而這次偶然的再相遇，鎮宇驚訝地發現，原來是因為加入了共好發展總會，培倫不僅狀態變好，甚至還買了許多間房子。

　　「我當時就二話不說，立刻報名加入了共好協會。」鎮宇笑著說，眼中浮現著希望的神情。

　　他回憶起 25 歲時，口袋裡只有 5000 元的窘境。這個金額在當時的社會環境中是非常低的，因為一般工作一兩年的人，可能已經有十幾萬的積蓄。面對這樣的困境，鎮宇決定認真規劃自己的財務。

　　在財務重整的過程中，鎮宇遇到了不少挑戰，但他一直保持清晰的方向。透過努力，他成功地將被動收入提升到每月約兩萬元左右，這與他之前的總收入相當。這個改變讓他感到非常欣慰。

　　更令鎮宇感動的是，他能夠將這些財務觀念帶給自己的家人。他的父母在市場工作非常辛苦，所以他一直在思考如何讓父母提早退休。雖然一開始父母對這些財務概念感到陌生，但因為之前已經修復了彼此的關係，所以父母對鎮宇的建議持開

共好致富 10個帶你從夢想到實踐的翻轉關鍵！
一起Try共好嗎？

放態度。

　經過一段時間的觀察和考慮，鎮宇的父母決定嘗試他提出的財務計劃。結果令人驚喜，特別是他的母親，現在的被動收入已經達到六位數。這個改變不僅改善了家庭的經濟狀況，也讓父母的生活品質大幅提升。他們從原本一年出國一次，變成現在一年可以出國五六次，生活變得更加豐富多彩。

　鎮宇認為，財務管理和內在調整的本質是一樣的，關鍵在於是否願意面對問題。他觀察到，當人們願意面對，並改善家庭關係時，往往也能在財務上取得進步，兩者之間存在緊密的關聯。

發現財務與關係互為魚水　缺一不可

　接著，鎮宇分享了一個具體的案例。他提到一位參加過他的內在課程的學員，這位學員原本與家人關係不佳，家裡還背負著債務。這位學員本身也相當年輕，盡可能的努力工作，並攢下積蓄，期望能擺脫當時的生活。但某一天債主突然找上門，為了家人安全，只好把積蓄都拿出，償還掉部分債務，暫時躲避債主，但根本的問題並未解決，對家人的怨懟加深。

　好在這位學員，願意勇敢地跨出來，透過內在成長課程，學員改善了與家人的關係，再加上共好發展總會的財務金流課，學會了更好的財務管理方法。最終，不僅學員本人的財務狀況

得到改善，他的兄弟姐妹甚至父親也開始學習財務管理，整個家庭的經濟狀況都有了顯著的改善。

　　這個案例深深打動了鎮宇。他看到一個原本可能陷入絕境的家庭，因為願意面對問題並學習新的知識，最終走出困境，重新找到希望。這不僅改善了他們的財務狀況，更重要的是改善了家庭關係，讓整個家庭氛圍變得更加溫馨和諧。

　　透過這些經歷和案例，鎮宇強調了財務管理與內在成長之間的密切關係，以及面對問題、學習新知識的重要性。他的故事不僅展現了個人奮鬥的力量，也體現了家庭支持的重要性，為許多面臨類似困境的人，提供了寶貴的啟示和希望。

　　鎮宇還分享了幾個印象深刻的故事，包括一個財務管理的案例和他自己的一次嚴重車禍經歷。

　　鎮宇首先講述了一位學員的案例。這位學員在調整財務後，手頭有了約 300 萬元的資金，生活變得相對輕鬆。然而，由於與丈夫之間的摩擦，她選擇將這筆錢用於投資性消費，而不是按照協會建議的方式使用。鎮宇對此感到非常可惜，認為這位學員原本有機會實現財務自由，卻因為情緒問題而錯失良機。

　　接著，鎮宇分享了自己去年經歷的一次嚴重車禍。當時，他在高速公路上開著特斯拉，不慎睡著了，導致車輛撞上分隔島。雖然好在沒有傷亡，自己也僅僅是受了輕傷，但瞬間的人生跑馬燈，讓他發現自己的願景還沒完成，如果現在死去，真的非常可惜，這次事故讓鎮宇深刻體會到生命的脆弱，但更加

共好致富 10個帶你從夢想到實踐的翻轉關鍵！
一起Try共好嗎？

現實的，也讓他面臨約 200 萬元的債務壓力。然而，正是因為之前在協會學到的財務管理知識，他能夠冷靜面對這個突如其來的財務黑洞，並最終順利解決了這個問題。

　　這次事故給鎮宇帶來了兩個重要的啟發。首先，他意識到不應該過度勞累自己，需要更加重視商業模式的建立，讓工作變得更加輕鬆高效，而不是過度的燃燒自己，透支健康。其次，他深刻感受到生命的可貴，決心要更加認真地對待自己的人生，做更多有意義的事情。

圖　學會金流順序後，鎮宇冷靜面對並解決，過沒多久再牽一台回家。

在談到協會對創業的幫助時，鎮宇提到了幾個關鍵點：

1. 協會的課程設計非常有幫助，特別是關於資金使用順序的知識對公司運營有重要啟發。
2. 財富藍圖課程幫助他釐清了資金的必要支出和可投資部分。
3. 財富實踐旅程課程讓他學會了如何製作商業計劃書，這對於向他人清晰傳達創業想法非常重要。
4. 協會提供了一個開放的交流平台，讓創業者們可以互相討論、支持，這在外部環境中是很難得的。

最後，鎮宇強調，協會不僅提供了實用的知識和技能，更重要的是給予了創業者精神上的支持和鼓勵。他認為，對於想要創業的人來說，協會是一個可以獲得全方位幫助的地方。

鎮宇的經歷，體現了在面對人生挑戰時的堅韌和智慧，也凸顯了正確的財務管理知識、良好的支持系統，對於個人發展和創業成功的重要性。

截止文章撰寫時，已經有 63 個家庭，因為鎮宇的影響力與經驗分享，開始學習調整自己的財務順序，並達到財務健康的狀態。而他也僅開始學習 2 年的時間，其中幫這些朋友保留下的財富價值，達 27,100,000 元，並參加了協會大型活動如下：

共好致富 10個帶你從夢想到實踐的翻轉關鍵！
一起 Try 共好嗎？

111/02/19 全面啟動盃暨福袋抽獎活動

111/10/08 共享寰宇，好在築夢

112/05/20 綻放初心，展翅遠航

112/06/09 共享初夏，好玩沖繩

112/11/04 共享幸福，好在有你

113/03/02 共好領航，乘風翱翔

113/05/23 共遊峇里，好玩有你

更重要的是，透過他的影響力，找到了一群志同道合夥伴，一起推廣財商知識，影響了數百人的經濟狀況，為原本不了解財務狀況的人，能有清晰的道路，走上財務健康。

這樣的創業故事，展現了一個年輕人在追逐夢想過程中，所面臨的挑戰和成長。從單純的理想主義者，到不得不面對現實的困境，再到學會調整策略、修復關係，鎮宇的經歷無疑給許多有志創業的年輕人，提供了寶貴的啟示。

Try 共好嗎？
勇敢嘗試的 TRY 有哪些

· 不畏艱難，堅持理想

鎮宇在 25 歲時就創立了自己的公司，雖然當時他對創業一無所知，但他憑藉著自己的毅力和熱情，克服了重重困難，最終取得了成功。

· 勇於面對挑戰，不斷學習

鎮宇在創業初期遇到了許多困難，包括資金短缺、團隊不和、市場推廣困難等。但他沒有被這些困難所擊倒，而是勇敢地嘗試新的方法，最終解決了這些問題。

· 修復關係，提升自我

鎮宇在創業過程中意識到，良好的關係對事業發展至關重要。因此，他勇敢地修復了與家人和朋友的關係，並不斷學習提升自我，最終取得了事業和生活的雙豐收。

更多內容，歡迎在各大平台，收聽我們的 Podcast 節目：Try 共好嗎？

可直接掃描 Qrcode

收聽鎮宇創辦人的專訪：

想創業必聽！

25 歲《富初行動》內在成長課程創辦人，

如何扭轉公司營運不穩定的局勢？

特斯拉出行產業鏈執行長

張培倫

「負」二代 1 人老闆到百人團隊
領導人心法如何透過環境打造高績效團隊

　　如果用打牌比喻人生，上天給他的第一手牌是負債累累、還有許多官司糾紛，讓他被迫成為負二代的老闆！只有 1 個人的情況下，透過協會的專業內容，處理好負資產後，對於團隊與合作再也沒有信任，甚至也想只要自己 1 個人就可以。然而，因為在一個適當的環境，加上他個人的經驗及體悟，3 年時間創造出百人的團隊，還有 4 個能夠獨立運作的團隊及 1 個年營業額破千萬的產業，到底是怎麼做到的呢？

從沒想過帶領團隊　發展到百人團隊

　　從 1 開始，到現在團隊超過百人，這個成就培倫不是沒想過，最初的他，是根本不想帶領團隊，令人驚訝的是，他的團隊不僅壯大，還培育出了四個子團隊，並且營運共好特斯拉出行產業鏈。

在加入協會之前，培倫已經是一位老闆。但這個身份並非他自願的，而是被迫接下的。由於家庭關係，他不得不接手父親經營的一家負債累累的公司。當時，培倫還在別人的公司上班，擔任 OA 裝潢設計的項目經理。他發現自己的銀行帳戶被凍結時，感到非常焦慮、緊張和憤怒。但考慮到信用的重要性，他決定面對並解決這個問題。

培倫從小就不太喜歡與人群互動，他更喜歡獨自玩遊戲、看動畫或追劇。在學校時，他對團體活動不感興趣。進入職場後，他觀察到管理層的工作壓力很大，常常需要處理各種抱怨，這些經歷讓他認為，照顧好自己就已經不容易了，何況還要管理他人。

然而，在加入協會後，培倫的想法開始改變。起初，他只是想透過協會的系統，來篩選合適的合作夥伴，準備往未來不動產投資發展。但隨著在協會取得成果，也看見未來性，他意識到，要實現自己的目標，需要合適的夥伴。就在這個過程間接促成了團隊的形成。

培倫強調，在與團隊成員互動時，真心誠意是最重要的。他尊重每個人的選擇，不貪圖他人的財富，相信一切都有其因果。他認為，協會的環境可能不適合每個人，所以要留下真正適合的人。在團隊建設方面，培倫採取了分配的策略。他估計在十個人中，可能有三個是合適的，五個需要培養，剩下兩個是試錯的機會。他指出，團隊的組成，在這三年中發生了很大

變化，留下來的人在各方面都有了很大進步。

其中第一位最資深及核心的夥伴，同時也是剛開始打造共好特斯拉出行產業鏈的班底，也出自培倫的團隊，是曾經是當紅藝人的宥炫（藝名：達倫）。

從《紫禁之巔》偶像團體「K ONE」
到共好協會特斯拉創業
一般人眼中的夢想職業，卻難以實踐自己的夢想

相信所有人都曾經閃過一個念頭，如果在電視上的是我，會怎麼樣？偶像明星這個身分，可能是許多人做夢都不敢想的身份。但達倫從 18 歲起，就開始接受訓練，並搭上台灣偶像團體熱潮，23 歲時順利以 KONE 這備受矚目的偶像男子團體出道，紅透半邊天，歌唱、偶像劇、綜藝節目、各類活動都能看到他們。但隨著本土團體熱潮漸漸淡去，他們逐漸淡出螢光幕各奔東西，而達倫可以說是團員中，工作經歷非常多元的一位成員。他相信努力就一定能成功，他比一般人更能放下身段，只要能力許可，他都全心投入每一個機會，然而所獲得的回報，卻是非常有限或是達到瓶頸。直到他遇見了一位貴人，帶領他重新再 Try 了一次創業的夢，而目前的他正與夥伴走在一條辛苦、充滿挑戰，但未來相當可期的事業上。

從迷茫到財務健康：達倫的轉變貴人

　　先講結論，從每個月 -4 萬的財務狀況，到每個月 +4 萬的收支狀況，一個月差距達 8 萬的金額，應該沒有什麼運氣成分的項目，可以達到這個效果。但這是實際發生在達倫身上的改變，而且就在他開始行動的 4 個月後。

　　達倫的財務健康之路，始於一位值得信賴的朋友，介紹他加入共好發展總會，這位朋友就是培倫，也是在協會長期服務的資深會員。儘管最初抱持懷疑態度並擔心財務狀況，但達倫想到他與培倫認識十年，同時也知道在理財與不動產方面，他是具備專業知識的。達倫抓住機會，踏上了自我發現和財務轉型的旅程，抱持著試一試的心態，報名了課程。

轉折點：開始 Try 共好的模式

　　掌握了新的財務知識後，達倫邁出了關鍵的一步，那就是實施協會的財務諮詢公式。儘管最初存在懷疑和恐懼，他認識到行動的重要性，以及積極成果的可能性。他說邏輯上與數學算式都行得通，那就來嘗試吧！ 財務穩定和增長的結果非常顯著。幾個月內，達倫的財務狀況發生了巨大變化。他的每月現金流顯著改善，使他能夠節省大量資金，並減輕消除貸款壓力。

從偶像明星到特斯拉司機：人生的一個 Try

　　達倫，曾經是偶像明星、餐廳老闆、房屋仲介、直銷產業、工程師，如今卻踏上了非傳統且未知的創業之路。在協會的積極環境和指導下，他與他的貴人培倫進軍特斯拉出行產業鏈，由他首先成為了一名機場接送司機。從他的故事，凸顯了在選擇擁抱機會時，保持務實和考慮發展性，而非社會觀念的重要性。

財務穩定和房地產投資

　　在協會的指導下，達倫的財務狀況有了顯著改善。有這樣穩定底氣下，為他和協會在房地產投資的合作奠定了基礎。這些項目的成功完成，進一步鞏固了達倫對協會及會員們的信任。並抓住了一個非常特別的機遇，特斯拉出行產業鏈。

抓住特斯拉出行產業鏈機遇

　　協會引入特斯拉出行產業鏈，進一步激發了達倫的創業精神。起初有購車需求的他，達倫對於能夠以國產車的價格，擁有特斯拉的可能性感到著迷，特別是在日益增長的環保意識之

背景下。而透過協會的財務公式及專班，在最初 10 多人輕鬆購入特斯拉後，他也更相信這個產業能夠運作。

圖　滿滿人潮的特斯拉出行產業鏈說明會

試驗和錯誤：擁抱未知

儘管達倫最初有點擔心，缺乏機場接送服務行業的經驗，但他認識到了成長和發展產業鏈的機會，利用當時工作下班後的閒暇時間親身體驗，評估其中的風險和營運狀況。這也是他經過現實的考驗與經驗累積，讓他在事業發展上，不再是那個

20 多歲莽撞的年輕老闆，而是穩健的逐夢踏實，確保事業能夠有效運行並永續發展。

令人驚訝的成功和職業轉變

經過達倫的親身體驗，很快的他就意識到，機場接送業務並不像他預期的那樣難以應付，同時隨著疫情解封，需求每日不斷飆升，也驗證了哲昀總會長對於需求面的精準判斷，加深他認同這個產業的發展性。同時，因為市場上獨一無二的高級特斯拉服務，以及價格上的優勢，一經推出就在市場造成旋風。同時，對於營運中的司機來說，高速公路上的自動輔助駕駛，使這項業務比一般的車輛，更能輕鬆又安全的，將乘客送達目的地，更重要的是，機場接送業務的性質，使司機能夠享受更大的靈活性，和對自己時間的控制。這樣的自由使每個人能夠追求個人興趣，實現更好的工作與生活平衡，這樣優質又正向循環的商業模式，更加吸引人。

當達倫意識到他的機場接送業務的收入，已經相當於他的工程師薪水時，他做出了大膽的決定，辭掉了公司工作，全力投入到這個新的機會中。

優先考慮滿足感而非感知

達倫承認，有些人可能會認為他從工程師，到機場接送司機的轉變是一種降級。然而，他強調了優先考慮個人滿足感和財務穩定，而非社會期望的重要性。務實的考量，也體現他在思考面的成熟，從過去為了證明自己、為了面子而貿然地在國外開餐廳慘賠，到現在能以非常全面的考量，並成熟的做出產業決定，真的是在人生中的各種嘗試中，洗盡鉛華也從容。

特斯拉出行產業鏈最獨特的價值

達倫分享特斯拉出行機場接送服務的會員，如果以全職投入的情況下，一個月保守收入大約在 7-9 萬不等，端看提供多少的服務時間，因為需求真的非常大，而且越來越多。但同時很多剛接觸的朋友，一定會提出關於購車的貸款壓力，這也是這個行業中，最大的挑戰以及考驗。而這也是特斯拉出行能夠在市場上一鳴驚人的關鍵——全額車貸補助，只要達成基礎的營業額門檻，就能被完全補助特斯拉車輛的車貸全額，平均 3-4 萬不等。但真的有補助嗎？這是真的嗎？這也是最常被問到的問題。而其中的關鍵就是協會的運作模式，在這個產業鏈之中，透過錢的運用以及使用財務工具把錢價值留下來，不過相關的

細節，不是能在書中短短的篇幅說明清楚的，而更重要的是，如果自己沒有親身體驗，即便你看著做，也無法掌握其中的關鍵，唯有你正視自己的財務，並且行動起來，你才能真正體會到這樣的金流模式。

創業累積從 0 到 1 再到 100

達倫覺得，協會這邊的文化比較特別，不一定是要個人真的很有能力或很強，需要的是願意付出，或是需要一個人不要貪心。在協會財務的諮詢跟累積，不是一夜致富，是根據個人狀況，一點一滴慢慢的累積上去的，這就是 0 到 1 的過程，一定比較慢，而 1 到 10 速度會稍微快一點，當真正從 10 到 100 其實就變快的，這也是特斯拉出行產業鏈正在經歷的。

不過如果你是想要來賺快錢或被動的成功，那達倫覺得這邊不適合這樣的人，因為協會這邊，比較適合穩紮穩打的上去，而特斯拉出行產業鏈，其實算是一個加速器，讓人可以快速累積自己的信用與財力，而當財富也累積上去，同時包含的信用各方面也被提升上去之後，後面要去做更多的事情，相對來說會比較容易，而且時間也比較多了。

圖　滿滿人潮的特斯拉出行產業鏈說明會。

共好的力量　關鍵的起心動念

　　詢問到是什麼原因讓達倫跨出第一步，投入在協會，他說其實最主要原因，是因為這件事是利人、利己、利他的。對於司機端而言，就能夠減輕壓力，畢竟沒人可以保證機場接送，每個月都一定有這麼穩定的收入，可能有所謂的淡旺季或是天災意外，而車貸補助對司機來說也是一道防火牆。對於投入在其中的司機會員，這是非常好的事情，不僅花比較少錢，可以有一台不錯的車子，然後又可以自己調配時間，比較自由之外，車貸又有公司幫你補助。而對於整個市場、消費者而言，在機

場接送的服務中，有個更優質、ＣＰ值更高的選擇，可以說是功德一件，而這個就是大家都好，也就是共好的力量。

擁抱人生旅程　分享經驗與助人成功

達倫的故事證明了擁抱新機會、保持務實以及共好的力量。他從工程師到特斯拉出行產業鏈會員的轉變，凸顯了自我意識的成熟、適應能力和個人行動力的重要性。而他的貴人培倫也強調，雖然表面上看他的團隊人數眾多，但就如同達倫的故事，背後需要付出大量的努力和行動，也經歷了許多失敗，才有機會有一點成果。他認為，大量的行動是團隊成功的關鍵。

在尋找和培養團隊成員時，培倫認為透過協會系統來篩選，是最簡單有效的方式。他解釋說，協會環境從一開始就公開討論金錢議題，這與傳統環境中避諱談錢的氛圍不同。協會討論金錢的方式，主要圍繞降低支出和資產活化，創造了一個透明健康的互動環境。

培倫強調，在這個過程中，要秉持真誠互動和陪伴的原則，不應對他人的財富有貪念。他認為這樣的環境更為正向，能讓參與者在獲得支持的同時，也展現出自己的決策能力和態度。透過觀察會員對各種情況的反應，如對物件的信任度和理解程度，可以判斷他們未來的潛力和發展方向。

沒有所謂時機好壞　只有願不願意行動

　　培倫分享了幾個案例來說明這個培育過程。其中一個正面案例是揮智的案例（綽號「樹哥」）。儘管「樹哥」最初因為很不幸的，個人的帳戶，因為與詐騙車手曾有過往來，因此被凍結了許久，導致後續面臨財務困難，但他仍決定參與協會課程。在一年時間裡，他不僅解決了自身的財務問題，還成功累積了自己的團隊成員。培倫認為「樹哥」的成功，在於他能夠吸引到素質良好的陌生人加入團隊，這一點令人印象深刻。

　　另一方面，培倫也分享了一個負面案例，這涉及到一位看似條件優越的工程師，他成為了團隊的第一個物件登記人。然而，由於最簡單的銀行照會失敗，導致了一系列問題。這個案例凸顯了，僅靠表面條件來評估一個人是不夠的，還需要考慮其個性、習慣和處理問題的態度。

　　透過這些經歷，培倫總結出在評估潛在團隊成員時，除了考慮其財務狀況外，還應該觀察他們在協會中的表現，包括課程參與、與他人互動、活動出席率等方面。他認為，這樣全面的觀察，能更好地預測一個人是否適合長期合作。

　　三年前，正值全球疫情期間，培倫在這個時間點認識並加入了協會。在加入協會之前，他曾預期房地產市場會因疫情而下跌，並考慮趁機購買便宜的房產。然而，出乎他的意料，房價不降反升。他回憶說，三年前新竹市的房價每坪才 30 幾萬，

共好致富 10個帶你從夢想到實踐的翻轉關鍵！
一起Try共好嗎？

現在精華區已經漲到 60-80 萬，舊城區也達到 50-60 萬。即使過去一直在房地產這個領域，他也對這樣的漲幅感到驚訝。

在房市火熱的時期，他們遇到了一個有趣的案例。有位夥伴誤以為，房地產可以像股票一樣進行當沖交易，急著在半年後詢問何時可以賣出房子。最終，他們在 11 個月內完成了一筆交易，獲利將近 20%。但那位急著賣出的會員，因財務狀況不佳，自己無法管理好財務，跟著繳工程款，最終錯過了這次獲利的機會。更巧合的是，在這位會員退出當天，就有買家以理想的價格購入了該房產，後續順利結案。

透過這個案例，他強調了在合作初期就要明確共識，並在過程中堅持初衷的重要性，不應受個人情緒或想法的影響，而改變原定計劃。

接著，話題轉向了他個人的資產狀況，他自嘲是「負二代」，因為一開始承接了父親的債務。然而，經過三年的努力，他的資產從最初的負債近 500 萬，轉變為現在接近 2,000-3,000 萬的正資產規模，連他自己都認為這樣的轉變速度相當驚人。

當被問及成功的關鍵信念時，他從兩個層面進行了解釋。首先，他將初期的不利條件視為養分，讓他在面對機會時能做出更好的判斷。其次，正因為起點不佳，他更加積極地爭取時間，努力改善自己的處境。他總結道，這可能就是「生於憂患，死於安樂」的體現。

面對未知事業　挑戰摸索前進

　　最後，他談到了在協會中，參與創建特斯拉出行產業鏈的經歷。他強調，好的計劃和點子並不缺乏，關鍵在於找到合適的人一起執行。對於在協會經營，他認為他在協會中扮演了「共好人才發展計劃」的角色，致力於培養和留住優秀人才。後續文章的案例，也會有一位原本是街舞老師，經過培育、培養後，見證了這位會員的成長和成功。

　　而在特斯拉出行產業鏈發展初期，培倫和他的團隊面臨了一些挑戰和質疑。他回憶起一個有趣的例子：當時有一位學員，原本在其他公司從事機場接送業務，聽到了一些關於他們新事業的負面評論，這位學員帶著許多疑問來詢問培倫。

　　培倫花了很多時間向這位學員解釋目標和運作方式。他指出，他們與傳統車行的運作模式有很大的不同。經過一段時間的觀察，這位學員發現培倫團隊的環境，實際上非常健康，大家都在積極思考如何接單、如何照顧司機，以及如何完善系統，而不是像他以前的環境，那樣只關注競爭和計較。

　　培倫解釋說，共好的商業模式，對於沒有經過協會學習的人來說，可能難以理解。例如，採用了一些特殊的財務策略，如全額補貼車貸等。這些做法在傳統車行看來不可思議，但對於共好來說卻是可行的，因為參與的會員們，已經具備了良好的財務基礎，以及有協會的專業輔導。

共好致富 10個帶你從夢想到實踐的翻轉關鍵！
一起Try共好嗎？

培倫強調，重要的是要清楚自己在做什麼，至少要遵守法律。他認為，有時候經歷一些不好的事情，並不一定是壞事，它可能成為一個人生命中重要的養分。他建議，在不傷害自己身體和不破壞家庭關係的前提下，可以去嘗試和了解各種環境與學習機會。

圖　從一個人開始，三年後有 100 多位的會員改善財務，一起投資不動產。

　　談到領導力的話題，培倫區分了領導和管理的概念。他認為，管理是對具體事務的控制，而領導則是設定目標和方向，並與他人溝通以實現這些目標。作為一個領導者，培倫認為最

重要的是要有明確的目標和方向，然後找到願意一起實現這些目標的人。作為領導者，首先要以身作則，經歷自己要求他人做的事情。其次，要與團隊成員溝通觀念，因為正確的觀念會引導正確的行為。當團隊成員出現錯誤時，領導者應該首先反思自己是否有溝通不當的地方，然後再與對方進行溝通和指導。

在談到如何帶領團隊時，他強調了幾個關鍵點：

1. 明確目標和方向：作為領導者，要非常清楚自己的目標和方向。

2. 以身作則：親身經歷並了解每個環節，才能有經驗去指導他人。

3. 注重觀念溝通：確保團隊成員理解並認同核心理念，而不僅僅是執行指令。

4. 適度管理：在鼓勵和嚴格要求之間找到平衡，必要時果斷處理不合適的成員。

5. 互相學習：他認為領導不僅是單向的，而是一個相互學習和負責的過程。

最後，他分享了與一位長期會員達倫的合作經歷。他認為他們之間的成功合作，源於雙方都願意配合團隊，而不是堅持個人想法。他強調，真正的領導是一個相互影響的過程，包括被領導、領導他人和相互配合。

培倫談到了他與達倫的關係，他們認識超過十年，彼此都是很好的配合者。培倫不認為自己在「領導」達倫，而是認為

他們在互相學習和負責。他強調，每個人因為所處的位置不同，需要不斷調整自己的角色，但核心目標始終是希望彼此越來越好。

培倫認為，他在這個過程中最大的嘗試，是接受自己可以成為領導者的身份，並在此基礎上尋求中庸之道，既不過於嚴屬也不過於寬鬆，在不斷嘗試中找到最佳平衡點。

截止文章撰寫時，已經有 76 個家庭，因為培倫的影響力與經驗分享，開始學習調整自己的財務順序，並達到財務健康的狀態。而他也僅開始學習 3 年的時間，其中幫這些朋友保留下的財富價值，高達 232,400,000 元，並參加了協會大型活動如下：

110/04/30 益卡樂新春晚宴——牛轉乾坤共好人生

110/10/24 推廣大師盃

110/11/21 公益河洛仔歌仔戲

111/02/19 全面啟動盃暨福袋抽獎活動

111/10/08 共享寰宇，好在築夢

112/05/20 綻放初心，展翅遠航

112/06/09 共享初夏，好玩沖繩

112/11/04 共享幸福，好在有你

113/03/02 共好領航，乘風翱翔

113/05/23 共遊峇里，好玩有你

更重要的是，還培育出四個團隊領導人，與他一起推廣財

商知識，影響了數百人的經濟狀況，為原本不了解財務狀況的人，能有清晰的道路，走上財務健康。

　　綜觀培倫在協會發展的經歷，過程中不斷尋找中庸之道，既不過於嚴格也不過於寬鬆，以找到最佳的領導方式，培養出壯大、負責任的團隊，期待這個故事繼續無限延伸。

共好致富 10個帶你從夢想到實踐的翻轉關鍵！
一起Try共好嗎？

Try 共好嗎？
勇敢嘗試的 TRY 有哪些

·從零開始打造團隊

　　培倫在沒有任何團隊管理經驗的情況下，從 1 個人開始，逐漸發展到擁有百人團隊的規模。

·改變自己對帶團隊的看法

　　培倫最初並不喜歡帶團隊，但他在協會的幫助下，逐漸意識到團隊合作的重要性，並學會了如何帶領團隊。

·採用創新的商業模式

　　培倫在特斯拉出行產業鏈中扮演重要角色，勇於使用創新的商業模式，取得了成功。

更多內容，歡迎在各大平台，收聽我們的 Podcast 節目：Try 共好嗎？

可直接掃描 Qrcode

收聽培倫執行長的專訪：

「負」二代 1 人老闆到百人團隊

領導人心法如何透過環境打造高績效團隊

共好致富　10個帶你從夢想到實踐的翻轉關鍵！
　　　　　　　　　　　一起Try共好嗎？

特斯拉出行產業鏈專案經理

劉濬維

從腳步聲到電動車
困頓舞者到營運特斯拉出行產業鏈的執行推手

　　當你在人生最低谷，熱愛的事業不再能養活你時，有人拿特斯拉電動車鑰匙卡給你，提出他想創辦並嘗試挑戰機場接送服務事業，這樣的機會你敢接受嗎？對於瀋維（貢丸），這是一次大膽的嘗試，也是一次改變他命運的關鍵轉變。

　　從未見過電動車的貢丸，第一次坐上特斯拉，握上方向盤的手微微發抖，從心中充滿著疑惑和不安出發，開始了他在機場接送專案的旅程。每一次接完一位客人，他就停在路邊，翻開筆記本做記錄，日復一日，他不斷地調整策略、改善服務，一點一滴地累積經驗。如今，他成為了月收入讓人稱羨的特斯拉出行產業鏈的專案經理，也成功協助司機會員進軍 Uber 市場，擁有連特斯拉總部都關注到的事業！他是如何勇敢打破困境、重新開啟新的人生，請看以下篇章。

　　在訪談中，貢丸的故事，聽結果好像是一個從失意到成功的勵志範例，充滿了勇氣和決心，但過程絕對沒有這麼簡單。

夢想能當飯吃嗎？ 有時選擇比努力更重要

　　人因夢想而偉大，但也因夢想而窮困潦倒。貢丸在大學時期，追尋自己的熱愛，進入了舞蹈產業，進而成為一名舞蹈老師，但在疫情期間，他的舞蹈事業遭受了重創。面對這樣的挫折，貢丸做出了一個勇敢的決定——轉換跑道。他渴望獲得穩定的收入和一份新的事業，剛決定踏入房地產領域，就遇到生命中的貴人——培倫，當時的他可以說是身無分文，但好在培倫願意支持他，並引薦到共好發展總會，透過在協會找到新的起點，貢丸開始重新投資自己，學習新的技能——重新理解自己的財務。

　　在書寫的當下，貢丸已經成為特斯拉出行公司的專案經理，月收入遠超過他的預期。他不僅實現了穩定收入的目標，還在新的領域中取得了令人矚目的成就。可以說貢丸是一個「勇敢嘗試的冒險家」。

　　當被問及特斯拉出行這個事業時，這個產業在短短一年內（2023），就達到了年營業額超過 500 萬的驚人成績，而在 2024 年上半年也完成了 500 萬的營業額目標，同時特斯拉出行團隊超過 40 人，月營業額破百萬，當然您可能會好奇，作為專案經理，他的日常工作內容是什麼。

特斯拉出行產業鏈到底在做什麼？

貢丸詳細介紹了他的工作職責。每天醒來他的首要任務，就是進行特斯拉出行加盟主的招募和篩選。他提到，曾與團隊在一個月內面試多達 50 位潛在加盟者，這項工作涉及安排招募人數、場地、單位、地點和時間等各個方面。

除了招募新的加盟者，貢丸還需要處理正在執行加盟流程的各種問題，包括職業駕照考試、資金調整和籌備等。他坦言，最困難的部分是向加盟者解釋產業的現狀，因為他自己在進入這個行業之前，也完全沒有相關經驗。

他認為，在協助加盟並組建團隊的過程中，自己也獲得了寶貴的學習機會。這些問題涵蓋了與家人溝通、處理車輛及考試相關的事務等各個方面。他坦誠地表示，雖然有時工作量並不大，但一旦事情變得繁忙，單獨處理所有任務就會變得相當具有挑戰性，好在也有團隊可以共同完成任務。

說到特斯拉出行的加盟流程，與一般租賃車行的區別時，貢丸做了一個生動的比喻。他將特斯拉出行產業鏈比作加盟連鎖店或便利商店的概念，解釋說特斯拉出行提供的是一個平台運營的商業模式。在這個模式中，每個加盟者就像擁有了一個可以產生收益的小型公司，而這個「公司」就是一台特斯拉車輛。他強調，他們的目標不僅僅是讓加盟者成為司機，更重要的是透過這個商業模式，來改善加盟者的財務狀況。

貢丸特別指出，在加盟過程中，財務調整是一個關鍵步驟。很多人在加盟時，可能沒有考慮到面臨的財務挑戰，比如遇到疫情或生意不好的時候如何應對。因此，特斯拉出行的模式，就在強調加盟之前，即幫助加盟者進行財務上的改善。

　　透過這種方式，特斯拉出行能夠幫助加盟者降低風險，提高在市場中的生存能力和持久率。這種模式不僅讓加盟者能夠更好地應對市場波動，也能讓他們在這個行業中，獲得更長期的成功。

　　貢丸的分享，揭示了特斯拉出行這個創新商業模式的獨特之處。它不僅僅是一個簡單的加盟系統，更是一個全面考慮加盟者長期利益的平台。透過細緻的財務規劃和全面的支持，特斯拉出行正在重新定義交通運輸行業的加盟模式。在深入訪談後，筆者詢問了貢丸關於特斯拉出行加盟過程中財務調整的重要性。貢丸以他的親身經驗和其他加盟者的案例，詳細闡述了這個關鍵環節的意義。

　　貢丸解釋道，當人們考慮加盟時，最直接的想法通常是需要一筆資金。同時指出，許多人會選擇透過個人信用貸款來籌集這筆錢。然而，這個看似簡單的決定，實際上會對個人的財務狀況產生深遠影響。他強調，辦理信用貸款時，銀行會考慮申請人的信用轉換、財力和信用聯徵分數等因素。貢丸觀察到，許多加盟者在調查自己的信用狀況後，才發現條件並不如預期的好。但由於急需資金，他們往往會選擇貸款，這就開始影響

他們的月現金流和負債比例。

　　貢丸特別提到了信貸和車貸的選擇問題。他表示，這是他在協助加盟主時，常常面對的難題。很多人不確定應該先辦理哪一種貸款，而這個決定會對他們的整體財務狀況，產生重大影響。他說，無論是想買房、買車還是創業，第一步都應該是審視自己的財務狀況，評估是否有能力承擔這樣的決定。貢丸認為，這種財務評估和調整的過程，才是特斯拉出行真正有價值的部分。

　　對於特斯拉出行的加盟模式，貢丸表示，特斯拉出行最重視的，是在前端協助每個加盟主進行財務調整。雖然有些人可

圖　貢丸擔任特斯拉出行專案經理，講述特斯拉出行加盟現場。

共好致富 10個帶你從夢想到實踐的翻轉關鍵！
一起Try共好嗎？

能認為這個過程很複雜，特別是對於那些只想單純開車賺錢的人來說，但貢丸堅信，這是讓加盟者更有底氣經營事業的必要環節。

解決司機的財務問題　成為行業突出關鍵

在比較特斯拉出行與其他運輸服務模式時，貢丸闡述了他們的獨特之處。他解釋說，特斯拉出行的初衷，是希望透過這種運營模式，幫助加盟者實現更健康的財務狀況，和更輕鬆的生活方式。這與傳統的計程車、白牌車或租賃車司機的模式有很大不同。

貢丸指出，傳統模式下的司機們，常常因為高昂的月支出壓力，不得不為了訂單而拼命，甚至可能影響服務品質。相比之下，特斯拉出行的模式，旨在降低司機的月支出壓力，使他們即使在客源不穩定的情況下，也比較不會面臨生存危機。他強調，這種模式不僅能提高司機的生活品質，還能間接提升服務品質。當司機不必為了基本生存而焦慮時，他們就能更專注於提供優質服務和穩定的駕駛體驗。最後，貢丸提到特斯拉出行使用電動車的優勢，不僅成本較低，還能為社會帶來環保效益。他表示，這種創新的商業模式，不僅有利於加盟者，也能為整個社會帶來正面影響。

透過這次深入的分享，貢丸闡述了特斯拉出行如何透過創新的財務管理和運營模式，在競爭激烈的運輸行業中脫穎而出，同時為加盟者和社會創造更多價值。

舞蹈是熱愛　但卻不是長久之計

在這段深入的訪問中，進一步探討了貢丸從舞蹈老師，轉型為特斯拉出行專案經理的心路歷程，這個故事充滿了戲劇性的轉折和深刻的人生洞見。

貢丸坦率地分享了他離開舞蹈事業的現實原因——生存壓力。他描述了在新冠疫情期間，作為一名舞蹈老師所面臨的嚴峻挑戰。舞蹈產業，作為一種娛樂和教育的結合，在疫情中首當其衝受到衝擊。當時他不僅失去了收入來源，還因為當時老闆的財務困境而累積了債務。

這段經歷對貢丸造成了巨大的心理壓力，他自己當時處於極度低潮的狀態，整天躲在被窩裡，失眠困擾，不知道下一步該怎麼走。更令人心痛的是，舞蹈對他而言不再是一種快樂的自我實現，而變成了純粹為了生存的工具。

貢丸還提到了與前老闆之間複雜的財務糾葛。作為團隊的一員，他曾經借錢給老闆度過難關，體現了他對舞蹈事業的投入和對團隊的忠誠。儘管最終這筆錢可能無法收回，貢丸表示

共好致富 10個帶你從夢想到實踐的翻轉關鍵！
一起Try共好嗎？

圖　貢丸曾任知名舞蹈工作室街舞師資。

他已經不再在意，認為每個人都在這場危機中有所損失。

　　在人生的十字路口，貢丸開始重新思考自己的職業方向。考慮到自己的大學背景是都市計畫，他原本打算轉向房地產行業，準備考取房地產仲介執照。然而，命運似乎為他安排了另一條路。在一次偶然的機會中，貢丸在便利商店遇到了舞蹈教室財務顧問培倫。這次偶遇成為了貢丸人生的轉折點。

　　培倫向貢丸介紹了一個新的方向——先學習財務知識，然後再考慮進入房地產行業。這個建議立即引起了貢丸的興趣，更令人感動的是，當時經濟拮据的貢丸，得到了培倫的慷慨資助，支付了他在協會學習的第一筆學費。這份支持不僅解決了貢丸的燃眉之急，更激發了他內心的一股動力。貢丸表示，他

努力學習和工作，很大一個部分，是為了回報培倫的信任和支持。培倫不僅幫助了貢丸，還樂於支持其他有行動力的人，這個細節揭示了在貢丸轉型成功背後，有著如培倫這樣樂於助人的貴人相助。

信用分數 0 的小白　開始學習財務思維

筆者與貢丸詳細探討了，貢丸學習財務知識和調整個人財務狀況的歷程。這個過程既充滿挑戰，又富有啟發性，展現了如何透過學習和實踐，來改變一個人的財務狀況。

貢丸回憶起，當他開始學習財務知識時，內心充滿矛盾的感受。一方面，他對新學到的知識感到興奮；另一方面，他也為自己過去缺乏這些基本的財務觀念而感到難過。他意識到自己錯過了許多累積資產的機會，特別是在職業生涯的黃金時期。貢丸強調，他學到的第一個重要概念就是信用的重要性。他認識到信用不僅關係到與銀行的往來，還影響到未來的各種機會。接著，他學習了如何合理使用金錢，理解金錢的使用權和所有權，以及如何透過調整資金使用順序，來優化利息支出。

在學習過程中，貢丸開始重新審視自己的工作和收入。他不再單純地看待收入多少，而是開始思考每一份收入如何能夠提升他的信用和資產。這種思維方式的轉變，使他對金錢的運

共好致富 10個帶你從夢想到實踐的翻轉關鍵！
一起Try共好嗎？

用有了更深層次的理解。貢丸坦言，當他第一次查看自己的信用報告時，發現自己沒有信用分數，這讓他再次感到沮喪。更糟糕的是，他還背負著之前創業時的債務。面對這種情況，貢丸決心迅速改變現狀。

透過努力工作和合理規劃，貢丸在短短三到四個月內，將自己的信用分數從 500 多分提高到接近 700 分。在接下來的半年時間裡，他開始重新與銀行建立良好的關係，並在協會顧問的指導下，處理了之前的債務問題。

貢丸特別提到，協會提供的建議和工具，讓他能夠掌控自己的財務決策。他強調，協會不是向他推銷產品，而是教導他如何以自己的名義，購買和使用金融工具，這讓他感到更有安全感和控制力。經過大約一年的時間，貢丸不僅清償了所有債務，還開始在不動產等領域進行資金配置。他的財務狀況從最初的負債，經過半年調整到零，然後在一年後轉為正數。雖然初期的正向月現金流並不高，大約在六千到八千元左右，但這已經是一個巨大的進步。

貢丸的經歷展示了，透過學習正確的財務知識並付諸實踐，一個人可以在相對較短的時間內，實現財務狀況的顯著改善。從每月需要支付債務，到最後能夠不用工作就有正向現金流，這種轉變不僅改善了他的財務狀況，也給予他更多的人生選擇和自由。貢丸的經歷並非個例，只要掌握正確的財商知識並採取行動，很多人都有機會實現類似的財務轉變。這個故事不僅

是對貢丸個人努力的肯定，也為許多面臨財務困境的人，提供了希望和可行的方向。

在一次深入的訪談中，特斯拉出行專案經理貢丸探討了幫助他人改善財務狀況的經驗和心得。他分享了兩個令人印象深刻的案例，展示了財務規劃如何改變人生。第一個案是一位年輕女性，她的家庭陷入了嚴重的財務危機。貢丸回憶道，這位曾經的舞蹈學生向他求助時，情況已經十分危急。女孩的母親被詐騙集團騙走了大筆金錢，父親則因重病需要長期照護。身在台北工作的女孩，對南投老家的困境感到束手無策。

從財務與房地產專業出手　也能拯救多個家庭

貢丸仔細聆聽了女孩的描述：她的母親被一個自稱是國外軍人的騙子誘騙，用家中在南投的房產抵押貸款了 500 萬元，其中 250 萬已經匯給了騙子。更糟的是，母親為了急需用錢，又向一個高利貸者借款，月息高達 7%。而在還不出錢的時候，這個高利貸者還企圖以低價收購他們的房子。意識到情況的嚴重性，貢丸立即聯絡了協會的團隊領導人培倫，尋求專業建議。在確認協會可以提供協助後，貢丸鼓勵女孩盡快報名課程並安排諮詢。

接下來的幾個月裡，貢丸成為了這位女孩的精神支柱。幾

共好致富 10個帶你從夢想到實踐的翻轉關鍵！
一起Try共好嗎？

乎每週都有三個晚上，女孩會在深夜哭著打電話給貢丸。她被家人的自殺念頭、自己可能要從事非法工作，來償還債務的想法折磨著。貢丸耐心地安慰她，並給出實際的建議，例如聯絡當地政府官員尋求幫助。經過半年多的努力，女孩的情況終於有了轉機。在政府介入後，高利貸者解除了房屋的抵押，讓他們得以正常出售房產。透過與顧問的諮詢，女孩成功地處理了家裡的債務，並在台北買了新房子。現在，她每月只需支付原來 40% 的房貸，租金支出也減少了一半。最重要的是，她的家人現在都安全了。

這次經歷深深地影響了貢丸。他意識到自己擁有改變他人生命的能力，大大增強了他的自信和使命感。從那以後，貢丸更加熱衷於幫助他人改善財務狀況，因為他親眼見證了這可能挽救一個家庭。

接著，貢丸分享了另一個案例，展示了即使生活條件不錯的人，也能從財務調整中受益。他的一位團隊成員原本月收入豐厚，生活無憂。然而，當這位成員的妻子在疫情期間不幸去世後，他陷入了深深的迷茫，摯愛的離開，原本規劃結婚而購入的房子，成為他不想也不敢面對的恐懼。貢丸在一次朋友聚餐中偶遇了這位失意的朋友，邀請他學習不動產投資，希望能幫助他走出困境。

經過一年的學習和努力，這位成員成功地調整了房貸結構，實現了每月近 5 萬元的被動收入。更可喜的是，他漸漸走出了

喪妻之痛，開始了新的戀情。當這位朋友告訴貢丸他交了新女朋友時，貢丸感到無比欣慰，再次體會到財務規劃對人生各方面的深遠影響。

　　貢丸感慨地表示，陪伴這位朋友度過難關的過程，讓他深感不易，但也讓他更加體會到自己工作的意義。他意識到，金錢問題不僅影響一個人的生存，還會影響到親情、友情、愛情、事業和健康。只有妥善處理好財務問題，人們才能真正追求更好的生活目標。

　　透過這兩個案例，貢丸展示了財務規劃的力量。無論是面臨嚴重財務危機的家庭，還是生活富裕但遭遇人生挫折的個人，都能透過適當的財務規劃和心理調適，重新找到人生的方向。貢丸的故事不僅展示了專業知識的重要性，更體現了同理心和持續支持，對於幫助他人的關鍵作用。

回憶最初的勇敢　瞬間接受挑戰

　　在這段深入的對談中，貢丸回顧了自己如何從一個舞蹈老師，轉變為特斯拉出行服務的先驅者和團隊領導者。

　　這個計畫開始於一次在哲昀總會長辦公室的會議。當時，協會的核心成員正在討論一個新的計劃雛形。總會長突然向貢丸發出邀請，讓他擔任這個計劃的執行者。儘管貢丸坦言自己

共好致富 10個帶你從夢想到實踐的翻轉關鍵！
一起Try共好嗎？

並非這個行業的專業人士，但他願意付出時間和行動力去嘗試。

貢丸回憶道，當時沒有人確切知道這個計劃會如何發展，大家都抱著試試看的態度，打算先嘗試三到六個月看看結果如何。為了讓貢丸能夠立即開始工作，總會長慷慨地將自己的特斯拉車鑰匙交給了他。貢丸描述了他第一次駕駛特斯拉的緊張經歷。他坐在車裡花了約十分鐘熟悉車輛，然後決定先學習如何充電，接著就開始熟悉往返機場的路線。令人驚訝的是，僅僅一天後，他就接到了第一個訂單。

隨著時間推移，貢丸的收入逐漸穩定，每月大約在 5 萬到10 萬之間。然而，他很快意識到，一個人的 24 小時是有限的。為了擴大服務範圍，他開始邀請其他人加入團隊。貢丸強調，他優先邀請了那些他曾幫助改善財務狀況的會員。他向他們介紹了這個新興產業，解釋了需要學習的各個方面，包括與客戶互動、訂單管理、時間安排以及相關法規和程序。

為了幫助團隊成員獲得必要的駕照資格，貢丸甚至租了一輛手動檔汽車，親自帶領六名會員練習駕駛，為考取職業駕照做準備。他感激地提到，這些會員願意支持他，是因為他們看到了他在這個行業中的努力和認真。貢丸特別強調，特斯拉出行的成功，不僅僅是他一個人的功勞，而是整個團隊共同努力的結果。他將這些加盟主稱為「幕後英雄」，並表示自己只是更擅長傳達和解釋而已。

貢丸還分享了一個感人的故事，講述他如何在出國期間，

將工作和薪水交給了一名團隊成員，以表達對他的感謝。他強調，只要大家信任並加入他的團隊，他會百分之百地支持他們。即使在國外，貢丸仍然隨時待命，準備解決團隊成員可能遇到的問題。即使他在深夜接到電話，也會為團隊成員解決各種困難，甚至有時候會親自趕到現場提供支援。

特斯拉出行團隊的互助精神，與傳統租車行業的競爭文化形成了鮮明對比。在一般租車行業中，司機們往往相互競爭訂單，不太關心同行的困難。而在特斯拉出行團隊中，成員們相互支持，共同成長，這種文化使得這個團隊變得非常特別。貢丸的故事不僅展示了他作為一個執行者的勇氣和決心，也凸顯了團隊合作在創業過程中的重要性。他的領導風格強調互助、信任和全心投入，這些品質為特斯拉出行團隊的成功奠定了基礎。

貢丸分享了他對團隊管理的獨特見解，以及他如何將這些理念付諸實踐。他強調，團隊的核心在於人。他認為，成功的團隊管理不僅僅是有關照顧、陪伴、管理和領導人，更重要的是如何影響他們。他解釋說，他無時無刻都在思考這個問題，因為團隊的成功，取決於人與人之間的互動和合作。

貢丸分享了他對團隊成員的深入了解方法。透過協助處理財務狀況，他能夠深入了解每個人的家庭關係、感情狀況、職業發展和健康狀況。這種全面的了解，使他能夠更好地與團隊成員溝通，並為他們提供適當的支持和指導。他特別強調了「共

共好致富 10個帶你從夢想到實踐的翻轉關鍵！一起Try共好嗎？

好」文化的重要性。他會把團隊成員的問題，當作自己的問題來處理。這種態度不僅幫助他更好地理解和解決問題，也讓團隊成員感受到真誠的關心和支持。

貢丸分享了一個令人印象深刻的案例，說明了他對團隊成員的承諾。一位司機在清晨發生了嚴重車禍，他立即趕到現場提供支持。他強調，無論是否能立即解決問題，最重要的是在困難時刻陪伴團隊成員。當被問及全身心投入的管理方式，是否讓他感到疲憊時，他說確實感到累，但同時也感到非常充實

圖　貢丸在共好領航乘風翱翔典禮中，與自己的團隊、家人合照！

和踏實。他解釋說，看到被幫助的人生活得到改善，聽到他們的感謝，這些都成為他源源不絕的動力來源。

有共識才好共事

談到未來計劃，貢丸強調了團隊文化和共識的重要性。他的目標是將團隊擴大到 100 位加盟主，並將這視為一個重要的里程碑。貢丸解釋了他如何逐步建立團隊文化，從最初的 10 位加盟主開始，然後擴展到 20 位，2024 年目標是 100 位。

貢丸還提到，他希望培養現有的團隊成員，使他們能夠承擔更多責任，甚至可能成為下一個領導者。他強調，他不想獨佔舞台，而是希望給予團隊成員更多機會和資源。

最後，貢丸談到了他們的商業模式，如何影響整個行業。他提到，如果他們能夠提供一個平台，讓司機們以更低的成本開上更好的車，這將為整個行業帶來積極的變化。

貢丸的管理哲學體現了深度關懷、持續學習和共好成長的理念。他的故事不僅展示了他作為一個領導者的成長，也凸顯了建立強大團隊文化在創業過程中的重要性。

截止文章撰寫時，已經有 52 個家庭，因為貢丸的影響力與經驗分享，開始學習調整自己的財務順序，並達到財務健康的

狀態。而他也僅開始學習 2 年的時間，其中幫這些朋友保留下的財富價值，高達 59,200,000 元，並參加了協會大型活動如下：

111/02/19 全面啟動盃暨福袋抽獎活動

111/10/08 共享寰宇，好在築夢

112/05/20 綻放初心，展翅遠航

112/06/09 共享初夏，好玩沖繩

112/11/04 共享幸福，好在有你

113/03/02 共好領航，乘風翱翔

113/05/23 共遊峇里，好玩有你

更重要的是，還培育出 1 個夥伴，成為團隊領導人，與他一起推廣財商知識，影響了數百人的經濟狀況，為原本不了解財務狀況的人，能有清晰的道路，走上財務健康。

Try 共好嗎？
勇敢嘗試的 TRY 有哪些

· 轉換跑道，從舞蹈老師到特斯拉出行專案經理

面對舞蹈事業的低潮，貢丸勇於跨出舒適圈，學習新的技能，進入陌生財務領域。

· 協助他人改善財務狀況

貢丸利用自己在財務方面的知識和經驗，幫助他人解決債務問題、調整財務結構，改善了他們的生活狀況。

· 營運特斯拉出行團隊，建立共好文化

身為草創特斯拉出行團隊成員，由他落實傳承「共好」的團隊文化，強調互助、信任和全心投入，為團隊的成功奠定了基礎。

在這一系列勇敢嘗試的過程中，貢丸的案例，希望能為在黑暗中的、覺得生活不可能有希望的人們，帶來一絲光芒，並看見希望。

更多內容，歡迎在各大平台，收聽我們的 Podcast 節目：**Try 共好嗎？**

可直接掃描 Qrcode

收聽貢丸專案經理的專訪：

從腳步聲到電動車：

困頓舞者到營運特斯拉產業鏈的執行推手專訪

自媒體達人房產傑哥

胡凱傑

買房不厲害　讓房子自己繳貸款才厲害！
網紅房產傑哥的共好之路

　　成家立業，幾乎是每個人隨著年齡增長，都會思考的議題，而判斷是否成功達成的一項指標，不外乎就是，是否擁有自己的家，一間自住宅。但是，每當收到薪水，第一件事情就是開始計算扣掉房貸還剩多少，開始煩惱還有育兒費、孝親費等開銷要支付，又或者對買房不抱有期待，早早埋下的買房心願種子，卻始終不敢跨出那一步。

　　本篇邀請房地產經驗的專業人士，也是 Tiktok 知名網紅，大家熟悉的「房產傑哥」──胡凱傑！他曾面臨著和你一樣的困境，然而，他發現了一種獨特的理財觀念，讓買房不再成為降低生活品質的壓力。他成功協助一百多人翻轉財務狀況，無需自付房貸，同時幫助 30 多人無痛購屋！不僅讓房子自己繳貸款，更讓你越買越輕鬆。

　　房產專家傑哥擁有豐富的房地產投資經驗，不僅自己投資有成，更協助許多人在投資和財務方面實現翻轉。過去他熱衷於房地產投資，與開發商、地主以及投資課程講師都有密切合

作。然而，現在的傑哥選擇在共好發展總會發展，全力分享獨特的房產觀念和方向，這些顛覆了他過去認知的方法，他覺得一般人、不是傳統意義上的富翁的人，是他最想幫助的對象。

傑哥在社交媒體上擁有可觀的粉絲群，在 TikTok 和 Instagram 上發布短影音，以房地產專業知識型網紅的身份，分享自身的房地產經驗。他的 TikTok 粉絲數已達 2.7 萬，成為一位小有名氣的網紅。

踏入房地產領域的契機與轉折點

傑哥的房地產之路始於觀察父親的投資。他看到許多人隨著家庭需求不斷換房，但房貸也隨之增加，給生活帶來沉重壓力。特別是在經濟環境變化、薪資增長緩慢的情況下，這種傳統買房模式的弊端愈發明顯。雖然投入房地產領域初期面臨諸多挑戰，需要學習大量相關知識並了解市場行情，但傑哥認為，買房當下總是令人喜悅的。然而，他也意識到，簽約那天的喜悅，往往會被之後的房貸壓力所取代。

傑哥提出了「無痛買房」的創新概念。他指出，傳統買房方式往往會增加生活壓力，因為人們將原本可能產生穩定收益的資金投入房產，反而增加了每月的支出。他建議人們在買房前，先將資金投入能產生穩定月收入的項目，如月配息或租金

收益，用這些收入來支付房貸，從而實現「無痛買房」。

　　這種買房策略雖然聽起來簡單，但實際操作需要豐富的經驗和專業知識。傑哥正是憑藉他在房地產圈多年積累的經驗，為人們提供這種創新的購房策略。他的理念不僅改變了傳統的買房思維，也為許多人開闢了一條，減輕財務壓力的新路徑。

　　傑哥分享了他如何接觸到「無痛買房」這一創新理念的經歷。在人生低谷期，一位相識近 10 年的朋友向他推薦了共好協會的課程。起初，傑哥對「上完課就能買車買房」的承諾持懷疑態度，但考慮到當時的困境，他還是決定參加。

　　課程結束後，傑哥仍有疑慮。當時的他負債累累，剛賣掉一處房產來償還債務，處於不敢嘗試新事物的低迷狀態。然而，機緣巧合下，他認識了協會的總會長，並得到了銷售五處房產的機會。這些房產分布在桃園、新竹、台中和高雄等地，都是空置的毛胚房或未整理的房子。

　　這個經歷讓傑哥對無痛買房的概念產生了興趣。他發現，這些房產要麼每月需要高額房貸，要麼需要大量現金一次性購買，這兩種情況都令人費解，除非就如同總會長說的，是有一套真的可以無痛買房的方法。透過深入研究，他逐漸相信無痛買房確實可行，不僅加深他對協會的信心，更覺得能幫助很多人。

　　傑哥的獨特之處，在於他不僅接受了這個理念，還會深入探究其背後的原理。他會實際進行試算，諮詢專業人士，並結

合自己過去的經驗，來驗證這個方法的可行性。正是這種追根究底的態度，讓他最終全身心投入到這個領域。

人生低谷　完全不相信任何人

在分享個人經歷時，傑哥提到他曾因投資演唱會項目而陷入財務困境，損失了近 800 萬元。這次挫折讓他意識到，缺乏良好的投資環境和財商知識，是許多人容易陷入投資陷阱的原因。他強調，共好協會提供了一個安全的學習和投資環境，所有投資標的都經過金管會把關，大大降低了風險。

在低谷期間，傑哥曾做過外送員，每天工作 16 小時，不是為了賺錢，而是為了調節心情。漸漸地，他開始重新與人互動，最終重返業務工作，並進入房地產仲介行業，這也讓他有機會接觸到共好協會。

對於常見的買房困境，傑哥指出，最大的障礙並非資金不足，而是人們對買房後房貸壓力的恐懼。許多人擔心投入資金後，生活品質會直線下降，特別是考慮到結婚、生子等因素後，這種壓力更加明顯。

傑哥提出了一種新的理財思維：改變用錢的順序。他建議先購買資產，讓資產產生的收益來支付其他支出，如手機分期、汽車貸款甚至房貸。這種方法透過改變購買順序和利用時間差，

可以有效降低購房帶來的經濟壓力。

雖然這種方法聽起來複雜，但傑哥強調，一旦理解其中原理，實際操作起來並不困難。他認為，在有經驗的前輩指導下，透過協會的課程學習，許多人都能掌握這種方法，實現無痛買房的目標。

作為一位在 TikTok 上擁有眾多粉絲的房地產網紅，傑哥曾收到許多來自房地產相關產業、廠商的合作邀約，甚至有機會在其他平台擔任重要角色。然而，他最終選擇在共好協會長期發展，原因令人深思。

傑哥回憶道，當時約有 13 家課程公司或廠商尋求合作。但經過深思熟慮，他得出一個重要結論：大多數人和機構都致力於幫助富人變得更富，而只有少數願意幫助普通人實現財富增長。共好這一信念對傑哥產生了深遠影響。

專注在幫一般人變有錢　而不是有錢人更有錢

他強調，在台灣普通人佔大多數，而富人本來就擁有財富，學習新技能只是讓他們更富有而已。相比之下，普通人更需要一個翻身的機會。傑哥認為，共好協會的模式，正是為了幫助普通人改善生活，這與他的理念不謀而合。

傑哥坦言，許多課程講師質疑這種做法的盈利模式。他們

認為幫助富人獲利更容易，因為富人擁有更多資金，操作空間更大，溝通也更容易。相比之下，普通人在認知上可能存在差距，需要更長時間溝通。但對傑哥來說，幫助身邊的普通朋友變得更富有，帶給他更大的成就感。

傑哥分享了一個典型案例，展示了如何幫助財力不足的人實現房產夢想。這個案例涉及一位月薪僅 3 萬元的客戶，擁有一套價值約 5000 多萬的房子。起初，他只能從一家銀行獲得 300 萬的貸款額度。即使透過代辦公司，最多也只能獲得 600 萬的貸款。

然而，透過共好協會的資源和房地產專業知識，他們最終幫助這位客戶獲得了近 2900 萬的貸款。傑哥解釋，這個過程分為三個階段：首先調整財務狀況，使其健康正常；然後幫助客戶積累銀行認可的金融實力；最後才是提取全部資金。整個過程僅用了三個月，比客戶自己嘗試半年到一年的時間要快得多。

傑哥還分享了他如何贏得粉絲信任的經驗。他提到，線下見面時，粉絲常常驚訝於他真人與線上形象的差異。在影片中，為了吸引觀眾，他可能表現得更加激動或憤青。但在現實生活中，他以誠懇的態度與人交流。這種反差反而增加了粉絲對他的信任。

最後，傑哥強調，他們所使用的方法和工具都是合法合規

　10個帶你從夢想到實踐的翻轉關鍵！　一起Try共好嗎？

的，只是很多人不了解。他認為，有錢人使用錢的方式往往與普通人不同，只要改變思維方式，就可能獲得截然不同的結果。透過自己的影響力，傑哥希望能將這些知識分享給更多人，幫助普通人實現財富增長和生活改善。

傑哥在共好協會的發展過程中，遇到了許多令人印象深刻的案例，特別是在協助一些特殊職業群體方面。其中，警察群體成為了他服務的一個重點對象。

圖　2024 年 07 月傑節高升團隊內訓，幫助夥伴建立信心與財務健康的旅程。

警察也慕名而來，了解財務知識

　　一個典型的案例是一對警察夫妻。起初，這對夫妻每月扣掉必要開銷，還需要額外支付 8.1 萬元來維持生活，這給他們帶來了巨大的經濟壓力。他們甚至在來見傑哥的路上，還在為是否應該參加課程而爭吵。然而，經過傑哥的調整後，他們的財務狀況發生了驚人的變化：從每月現金流 -8.1 萬元轉變為每月正收入 4.6 萬元，相當於每月增加了 12.7 萬元的收入。

　　這對夫妻的困境，並非源於不當投資或奢侈消費，而是一系列生活變故的結果。妻子因育嬰假而收入驟減，加上購買預售房、應對山區工作環境而購買越野摩托車等因素，導致他們陷入了財務困境。

　　傑哥強調，這種情況並非個例。他提到，僅在 2024 年就有 6 到 7 位警察選擇了結束生命，雖然原因各異，但經濟壓力無疑是一個重要因素。警察這一職業的特殊性，也使得他們在職業轉換上，面臨更大的挑戰。

　　隨著越來越多的警察，透過傑哥的幫助改善了財務狀況，甚至有人在短短幾個月內就買到了特斯拉，這在警界引起了轟動。傑哥透露，目前已有超過 6 位警察學員購買了特斯拉。

　　然而，傑哥也發現許多警察曾遭受過投資詐騙。其中一位警察甚至被騙了 200 多萬元。這反映出即使是執法人員，在缺

共好致富 10個帶你從夢想到實踐的翻轉關鍵！
一起 Try 共好嗎？

乏適當的財務知識情況下，也容易成為詐騙的受害者。

除了警察群體，傑哥還分享了一個特別的案例：一位有五個孩子的父親。這位父親在尋求幫助時，家庭銀行帳戶僅剩 1.7 萬元，而妻子還懷有第五個孩子。儘管經濟狀況如此困難，這對夫妻仍決定一同參加課程。經過調整後，他們的財務狀況從每月負 8 萬多轉變為正 10 萬，甚至在短短 10 天內就決定購買了一輛特斯拉。

然而，並非所有案例都是成功的。傑哥提到，有些擁有相對高資產的客戶，即使參加了課程，也因為不願意改變既有的投資方式，而無法獲得顯著改善。例如，一位擁有 400 多萬資產的客戶，原本每月有 3 萬多的正收入，但因為不願意調整現有的投資組合，最終無法實現可能達到的每月正收入十幾萬的潛力。

傑哥認為，這種情況的關鍵在於客戶自身的心態。他強調，進入一個新的環境需要時間去了解和適應，但重要的是要真正花時間去了解和熟悉。只有透過親身體驗和學習，才能理解為什麼在這個環境中，有人能夠取得如此好的成績。

總的來說，傑哥透過這些案例展示了，無論是面對經濟困境的警察家庭，還是資產豐厚但缺乏效率的投資者，合適的財務調整和正確的心態，都能帶來顯著的改變。他的工作不僅僅是提供財務建議，更是幫助人們改變思維方式，實現真正的財務自由。

傑哥分享了另一個經典案例，講述了一位擁有五間房子的朋友。這位朋友原本收入不錯，每年平均有 700 萬到 1000 萬的收入。然而，由於法規變更，他的第四和第五間預售屋只能貸款四成，讓他感到非常緊張。儘管收入優渥，他卻發現自己變成了「月光族」。

　　傑哥和他的團隊幫助這位朋友重新規劃財務。他們將前三間房子改成理財型房貸，把資產搬出來做月配息投資，或購買收租型套房來支付後續支出。調整後，不僅第四、五間房的 500 萬工程款得以繳清，而且這五間房子的房貸都不用自己繳。更神奇的是，這位朋友還買了一台 700 萬的車，車貸也不用自己繳。傑哥告訴他，「你現在所賺的所有錢，你都可以花掉，因為你就算沒有錢，你都可以用你的資產去支付。」

　　接著，傑哥解釋了為什麼他選擇幫助一般人而不是富人。他認為幫助一般人變得富有，更有成就感，因為對他們來說，這是一個巨大的改變。相比之下，有錢人變得更有錢，只是數字上的改變。傑哥也分享了自己曾經貧窮的經歷，這使他更能理解，並希望幫助他人擺脫貧困。

　　傑哥還提到，幫助一般人變富有對他的團隊發展很有幫助。因為這些人親身體驗到改變，更願意分享自己的成功故事，從而吸引更多人加入。

　　在談到未來願景時，傑哥表示希望在未來 5-10 年內，讓身邊的人至少投資 10 間以上的房子，自己持有 2-3 間。他還提到

共好致富 10個帶你從夢想到實踐的翻轉關鍵！
一起 Try 共好嗎？

了更大的目標，如自己蓋房子、成立建設公司等，希望能帶領團隊實現這些以前不敢想像的事情。

自己的豐碩轉變　負債 800 萬到千萬資產

最後，傑哥分享了自己的財務轉變。從曾經負債 800 萬，到現在擁有兩台特斯拉、一台保時捷、12 間房子，以及超過 1000 萬的金融資產。這巨大的改變僅用了兩年時間完成，展現了財務管理的驚人效果。

傑哥強調了行動的重要性，並表示在幫助他人時，會優先考慮那些負債多、但行動力強的人。他的經驗和故事展現了良好財務管理和積極行動，可以帶來的巨大改變。傑哥繼續討論更多實際案例和建議。

傑哥首先分享了一個警察的案例。這位警察原本每月現金流是負 200 多元，經過調整後變成正 2 萬多元。傑哥建議他慢慢累積，預計三年內就可以買到自己的房子。這個例子展示了即使從負現金流開始，只要有正確的財務規劃，也能在較短時間內實現購房的目標。

當被問到如何回應那些期望更快速致富的人時，傑哥強調了持續努力和耐心的重要性。他指出，有些人可能因為家庭背景或運氣而更快致富，但對於大多數人來說，慢慢累積財富才

是可行的方法。他引用了巴菲特的話：「大部分人不會有錢，不是因為他們不想有錢，而是因為他們不願意慢慢變有錢。」

　　傑哥還談到了與家人溝通財務問題的重要性。他分享了一個案例，一位女性向父母提起傑哥的建議時，遇到了阻力，但最終透過面對面交流，她的父母接受了這種財務管理方式。這凸顯了直接溝通和相互理解，在家庭財務決策中的重要性。

圖　2024 年 03 月 03 日保時捷 Taycan 交車宴，財務調整後，金流只要透過計算，輕鬆買豪車沒問題！

　共好致富 10個帶你從夢想到實踐的翻轉關鍵！
一起 Try 共好嗎？

關於如何判斷投資理財課程的價值，傑哥提出了幾個關鍵點：

1. 課程是否對個人有實際幫助。
2. 是否提供後續的陪同服務和實際行動方案。
3. 是否有機會在學習過程中獲得實際收穫。

他強調，只學習理論知識是不夠的，最重要的是能夠將所學付諸實踐，並在過程中得到指導和支持。

對於想要買房但遇到困難的人，傑哥建議首先要清楚了解自己的資產負債狀況。他強調「清晰才有力量」，只有充分了解自己的財務狀況，才能做出正確的購房決定，避免因為盲目購房而陷入財務困境。

最後，傑哥分享了他的投資心得。他建議關注那些受到金管會監管的投資標的，以確保安全性。同時，他提出了一個有趣的判斷標準：看推薦投資標的的人，是否願意投入大量資金。如果推薦者只投入少量資金，那麼投資者就需要更加謹慎。

傑哥強調，穩定持續的成長比高風險、高回報更為重要。他提醒大家，不要被高回報率迷惑，而要考慮實際獲利和風險之間的平衡。

截止文章撰寫時，已經有 125 個家庭，因為凱傑的影響力與經驗分享，開始學習調整自己的財務順序，生活狀態得到品質的提升，並達到財務健康的狀態。而他也僅開始學習 2 年的

時間，其中幫這些朋友保留下的財富價值，高達 313,529,900 元，並參加了協會大型活動如下：

111/02/19 全面啟動盃暨福袋抽獎活動

111/10/08 共享寰宇，好在築夢

112/05/20 綻放初心，展翅遠航

112/06/09 共享初夏，好玩沖繩

112/11/04 共享幸福，好在有你

113/03/02 共好領航，乘風翱翔

113/05/23 共遊峇里，好玩有你

更重要的是，還培育出 1 個夥伴，成為團隊領導人，與他一起推廣財商知識，影響了數百人的經濟狀況，為原本不了解財務狀況的人，能有清晰的道路，走上財務健康。

Try 共好嗎？
勇敢嘗試的 TRY 有哪些

· 更新自己的財務思維，實現財富增長

傑哥透過在共好的學習，改變用錢順序的財務思維，讓自己的生活重新好了起來，起初還不相信的他，後來幫助許多人調整財務狀況，提高了他們的財務自由度。

· 致力於幫助一般人而非富人，讓更多人受益

傑哥認為，一般人更需要財務管理方面的幫助，因為對他們來說，財務與生活品質息息相關，富人則根本沒有差異。所以他立志幫助更多普通人實現財富增長，並以此為榮。

· 積極分享經驗和知識，幫助他人成長

傑哥透過社交媒體、課程和演講等方式，積極分享自己的財務經驗和知識，常為粉絲東奔西走，只為幫助更多人。

在這一系列勇敢嘗試的過程中，傑哥的案例，希望能幫助更多在黑暗中、覺得生活不可能有希望的人們，帶來一絲光芒，並看見改變的可能性。

更多內容，歡迎在各大平台，收聽我們的 Podcast 節目：Try 共好嗎？

可直接掃描 Qrcode

收聽房產傑哥的專訪：

買房不厲害，讓房子自己繳貸款才厲害！

Tiktok 知名網紅「房產傑哥」與共好攜手，

幫助百人無痛買房

共好致富 10個帶你從夢想到實踐的翻轉關鍵！
一起Try共好嗎？

影響力達人

洪揮智

命運讓他失去一生摯愛與親弟
但命由他不由天　工程師的逆襲之路！

　　在訪談本篇的主角後，「別人笑我太瘋癲，我笑他人看不穿。」這句電影台詞，突然在腦中浮現——洪揮智，人稱樹哥，出生於高雄的林園鄉，一個靠近屏東的農村。他的童年充滿了挑戰和變故。

單親背景會讓他消沉又自卑　愛情也告吹

　　大樹的父母是透過相親認識並結婚的。然而，他的父親不務正業，很快就將家產敗光。在大樹還很小的時候，他的母親帶著他離開了家，留下弟弟和父親在南部。母子倆北上謀生，先是來到桃園。

　　在桃園期間，由於母親需要工作，大樹曾經被安置在寄養家庭。他回憶起，母親每個月回來看望，每當母親來看他要離開時，他總是哭泣不止。直到小學六年級，他們才搬到基隆與

母親同住。

母親在基隆開了一間卡拉 OK 店。然而，由於工作時間的關係，母子倆幾乎沒有交集，關係也不太親密。這種情況一直持續到大樹大學畢業。

大學畢業時，家庭經濟狀況本來已經接近小康。但不幸的是，母親可能因為交友不慎，簽下了一些不明文件，大樹回憶，可能是當保證人之類的。這導致家庭突然陷入了債務危機。

這個突如其來的變故，讓大樹陷入了消極和自卑的情緒中，好似家道中落，人生沒有希望。他開始質疑人生，對未來感到迷茫。即便畢業後，也對人生沒有太高的期許，只找個能應付基本開銷的工作，這種低落的狀態一直持續到他 30 歲左右。

在這段時間裡，大樹遇到了一個女朋友。然而，由於經濟條件的差距，及女方家人百般的反對，這段感情最終以分手告終。這次經歷讓大樹意識到，愛情與麵包的平衡，理想需要金錢作為支撐。為了改善經濟狀況，大樹和母親曾在天母開了一間冰店。但由於缺乏商業經驗，這次創業以失敗告終。因為只憑著幻象在做事業，結果才發現做越多賠越多，初入社會的血汗存款大約 150 萬，也化作泡影。

面對這一系列的挫折，大樹並沒有放棄。他開始參加各種講座和學習活動，同時關注理財和身心健康兩個方面。他像海

綿一樣，大量接觸各種機會，儘管過程中也遇到了一些騙局，但他把這些都當作學習的經驗。從封閉自我到非常開放的樣樣吸收。

在職業選擇上，大樹最初進入了電子製造業。後來，他發現自己對軟體更感興趣，於是轉型成為了軟體工程師。儘管起步薪資不高，但他堅持不接受低於市場行情的薪酬，最終在一家上市公司找到了工作，並透過實力驗證自己的價值，絕對遠超過 22K 的起步薪水。

大樹的故事，前半段展現了他面對逆境的堅韌和不斷學習的精神。從農村少年到城市打拼，從家庭變故到職場奮鬥，他的經歷，驗證了生活的艱難和人生的韌性。然而命運好似不會輕易放過努力的人，大樹的人生經歷充滿了起起落落。

與摯愛天人永隔　生命難以承受之痛

在他 31 歲那年，他遇到了一個可以論及婚嫁的對象。這段感情的開始很平淡，只是因工作關係而認識。然而，隨著彼此分享內心想法，他們之間的火花逐漸迸發。

大樹回憶道，當時他因為前一段感情的經歷，陷入了愛情與麵包的兩難選擇中。他不想再因為經濟原因失去一段感情，

但最終還是決定把握當下。他坦誠地向對方表達了自己的想法和處境，對方也接受了。這段關係不僅給了大樹情感上的慰藉，也激發了他更加努力追求事業成功的動力。

然而，命運再次對大樹開了個玩笑。在他們相戀四年又 233 天後，2017 年 9 月 7 日，他的女友因一場車禍離世。這突如其來的打擊，讓大樹陷入了人生最黑暗的低谷，幾乎有一整個月，他將自己完全封閉起來，不與外界接觸，好在他已有在做一些學習，他選擇了一種健康的方式，來面對這個悲傷。他給自己一個月的時間獨處、消化情緒、接受現實。之後，他勇敢地面對朋友，主動談論這個話題，逐漸學會以平常心看待這件事。

現在，大樹甚至感謝這段經歷，因為它改變了他對感情的理解、對人際關係的看法，以及對財務管理的態度。他把女友的離去，看作是她完成了自己的使命，帶著祝福的心情繼續前行。

在談到家庭財務問題時，大樹坦言，最初他確實感到沮喪和負面，甚至不想面對現實。但隨著時間推移，他開始意識到作為家庭的一員，他有責任面對這些問題。他認為，只有遇到困難，人才能真正成長。大樹現在的動力之一，就是希望能讓母親過上更好的生活。他開始努力工作，同時也試圖與母親建立更緊密的關係，經常抽時間陪她吃飯聊天，分享自己的近況。

這些經歷讓大樹形成了自己的人生哲學。他認為，只要生活在現代社會，就無法逃避面對財務問題。因此，他選擇積極地為未來做準備。同時，他也學會了以更開放、更客觀的角度

看待人和事，不再輕易下判斷，而是培養了更多的同理心。

愛情不順　麵包也難以實踐　但仍拼搏到底

　　在學習理財的過程中，大樹也遇到了不少挫折。他的銀行帳戶曾因投資糾紛被凍結整整一年。然而，他並沒有因此放棄學習。在這一年裡，他透過線上課程不斷充實自己，為日後的實踐做準備。

　　當時他的帳戶，因為與別人的帳戶有金流往來，疑似別人的帳戶是詐騙人頭戶，他的也因此受到牽連，凍結靜待調查結果，而就在這個時間點，因為朋友的分享，認識了共好發展總會，當時正逢疫情期間，但他也透過線上的方式完成學習。大樹的理財之路始於一次偶然的機會。他的朋友培倫介紹他參加了分享會，雖然當時參與的人不多，但這次經歷卻徹底改變了大樹對理財的認知。

　　在這次分享會上，大樹意識到真正重要的是現金流的健康程度，而不僅僅是股票投資。他回顧了自己過去的投資經驗，發現自己常常將大筆資金投入股市，然後被動等待回報，這種方式其實承擔了很大的風險。

共好致富 10個帶你從夢想到實踐的翻轉關鍵！
一起Try共好嗎？

大樹強調，很多人誤解了理財的本質。他們認為只要購買了某些金融產品就等同於在理財，但實際上，理財和投資是兩個截然不同的概念。他將理財比喻為房子的地基，只有打好地基，才能建造穩固的房子。同樣，只有做好理財規劃，才能為未來的投資奠定基礎。

透過在協會的學習，
大樹總結出了三個關於投資理財的重要原則：

1. 月現金流：大樹認為，一個好的投資應該能夠產生穩定的月現金流。這不僅可以降低時間風險，也能更好地匹配日常生活的支出需求。大多數人的理財商品都是年收益，但這樣的工具時間成本高，等於一年 365 天都不能有意外的大支出，而導致需要動用或解約。

2. 安全槓桿：大樹強調了解槓桿的重要性。他建議在考慮使用槓桿時，要仔細評估其安全性和條件。他警告說，不合理的槓桿可能會導致嚴重的財務問題。正確的使用槓桿，反而可以降低風險和風險轉嫁，意思是做同樣的事，但將投入在裡面的成本降低，拿這筆錢再去配置安全的工具來轉嫁風險，只要確保做之前，現金流是健康的，那就達成安全槓桿的原則。

3. 金融體系認可：大樹指出，投資的資產應該能被主流金融體系認可。這不僅關係到未來可能的貸款需求，也影響到個人的整體財務健康狀況。信用培養是一種可以使用的資產，隨著時間推移，持續穩定的帳面金流，在銀行眼中就是可被認列的財力證明。市面上太多私募、民間代理的某某基金商品，或是虛擬幣持有，這些目前都是不被認列為資產的財力，所以可被認列也是很關鍵的資源。

大樹強調，時間是無法挽回的資源。他鼓勵人們不要等到「準備好了」才開始行動，而是要在「準備好開始學習」的狀態下，就勇敢踏出第一步。他相信，只有開始了，才有機會擁有和執行下一階段的計劃。

大樹特別提到了近年來一些金融詐騙案例，如奧盛基金事件，強調了提高個人理財知識和判斷能力的重要性。他觀察到，許多人對談論金錢話題，感到不安或迴避，但他認為這恰恰凸顯了學習理財知識的必要性。

關於虛擬貨幣，大樹提醒大家要謹慎。雖然虛擬貨幣有其發展潛力，但目前在主流金融體系中的認可度仍然較低。他建議，在考慮投資虛擬貨幣時，要充分考慮到這可能會影響未來

共好致富 10個帶你從夢想到實踐的翻轉關鍵！
一起Try共好嗎？

的貸款等金融需求。

　　大樹強調，理財規劃是一個需要提前準備的過程。很多人在真正需要（如買房買車）時，才意識到理財的重要性，但那時往往為時已晚。他鼓勵大家及早開始學習理財知識，為未來的財務需求做好準備。

　　透過分享自己的經歷和心得，大樹希望能夠幫助更多人認識到理財的重要性，並鼓勵大家主動學習相關知識，為自己的財務未來做好規劃。他的故事不僅展示了，一個人如何從財務困境中走出來，更體現了持續學習和自我提升的重要性。

圖　2024 年 大樹的夥伴親友一同參加共好領航乘風翱翔典禮。

學習財務調整　高薪水才有機會轉換爲高資產

　　大樹回憶起自己剛加入協會時的情況。當時，他的資金被凍結，解凍後他立即著手經營自己的財務公式。從月現金流 1.5 萬元的起點，他迅速將收入提升到 3.5 萬元。而他的工作收入——高階工程師月薪約 9 萬元，並沒有改變，但可運用或存下的金額卻是翻倍。

　　隨著時間推移，大樹的財務狀況有了顯著改善。他現在擁有一輛特斯拉電動車，以及位於中壢的一間店面。儘管這兩項資產都有貸款，但他的現金流仍能維持在之前的水平。這種看似矛盾的情況，引起了許多人的好奇。大樹解釋道，關鍵在於正確使用銀行的信用資產，並建立良好的信用記錄。他強調了提前規劃的重要性，指出銀行會關注一個人長期的財務行為軌跡，而不是短期的準備。

　　接著，大樹分享了一個關於他高中同學的案例。這位同學月薪雖高達 13-14 萬元，但每月實際可支配的金額僅剩 2-3 萬元。透過揮智的指導，這位同學成功調整了財務結構，現在能夠每月存下全部薪水，大大提升了生活品質和未來的資產配置能力。大樹還提到了一些涉及債務協商的案例。他鼓勵人們在面對財務困難時，不要輕易放棄，強調只要堅持不懈，終能重

建信用資產，實現理想的生活方式。

生命打擊再來　始終保持正能量

　　提到了大樹近期經歷的一些生離死別，特別是他弟弟的離世，詢問這些事件是否強化了他的某些信念。大樹深吸一口氣，眼神中流露出一絲感傷。他開始娓娓道來，強調人生的有限性和未知性。他認為，雖然生命是短暫的，但我們的信念可以永存。大樹解釋道，我們的選擇和行為都源於我們的認知，而這些認知又來自於我們所處的環境。

　　談到弟弟的離世，大樹的聲音略顯低沉。他承認，由於從小沒有一起成長，情感上的衝擊並不如想像中大，但更多的是遺憾。他描述了母親的悲傷狀態，以及華人傳統「白髮人不送黑髮人」的習俗，這些都給他留下了深刻的印象。大樹的目光變得堅定，他表示這些經歷讓他更加珍惜生命，也讓他意識到家庭完整的重要性。他決心不重蹈父親的覆轍，要成為一個負責任的人。這種觀念也影響了他對待感情和家庭的態度，使他在選擇伴侶時更加謹慎。

　　接著，話題轉向了大樹參與的「財富實踐旅程」課程。大

樹的眼中閃耀著興奮的光芒，他詳細描述了這個為期五六個月的長期課程。他解釋道，這個旅程幫助他設定了四個人生目標：事業計畫、個人財務計畫、關係目標和個人成長。

大樹強調，課程本身只是提供方向，真正的成長和改變，還是要靠自己去實踐。他觀察到，那些在人際關係上表現出色的人，通常在財務狀況上也不差。這讓他更加確信，良好的人際關係對於個人發展至關重要。整個人生經歷過程中，大樹絕對是拿到許多爛牌，人生的重擊無數，但他的真誠和洞察力給人留下了深刻印象，將這些負面事件，變成寶貴的人生智慧。

大樹露出智慧的神情。他開始分享自己對學習的獨特見解。他指出，許多人誤以為被動聽講就能獲得成果，但實際上，真正的學習需要內化和實踐。大樹強調，課程只是提供方向和方法，關鍵在於學習者是否能夠將所學付諸實踐。他的語氣變得更加熱情，解釋道：「如果你需要花十年或二十年才能獲得的東西，今天只要花一筆不太貴的錢就能得到，這難道不划算嗎？」大樹認為，這種學習方式相當於「買到了別人的時間」，是一種高效的成長方式。

然而，大樹也提醒大家，選擇正確的學習環境和老師的重要性。他回憶起自己過去因缺乏辨識能力而踩過的坑，強調一

共好致富 10個帶你從夢想到實踐的翻轉關鍵！
一起Try共好嗎？

個真正有經驗的人，會分享自己的挫折和困境，而不只是講好的一面。談到自己參與「財富實踐旅程」課程的收穫，大樹的眼神變得柔和。他發現自己對人際關係有了新的認識，開始更多地關注家人關係。他描述了如何增加與母親相處的時間，甚至重新與疏遠多年的父親見面。

大樹還談到了他在工作中組建團隊的經歷。他意識到自己過去因家庭經歷而封閉的情感面，現在正在重新打開。他開始與團隊成員建立更深厚的情感連結，發現這不僅改善了工作氛圍，還帶來了積極的財務影響。

圖　大樹實現夢想，帶著夥伴一同前往峇里島遊玩！

最後，大樹語重心長地說：「我們遇到任何事情，都一定有能夠解決的方法，只是我們不要放棄。」他鼓勵大家勇敢嘗試，因為每次嘗試都可能成為人生的轉捩點。

這正與協會自媒體「Try 共好嗎？」的精神不謀而合。他鼓勵讀者在了解風險，並能夠控制的情況下，做出合理的嘗試。

大樹的故事展現了一個人如何在逆境中成長，如何將痛苦的經歷轉化為前進的動力。他的經歷告訴我們，生活中的每一個挑戰都可能是一個學習和成長的機會，關鍵在於我們如何選擇面對它。

截止文章撰寫時，已經有 99 個家庭，因為大樹的影響力與經驗分享，開始學習調整自己的財務順序，並達到財務健康的狀態。而他也僅開始學習 3 年的時間，其中幫這些朋友保留下的財富價值，高達 59,290,000 元，並參加了協會大型活動如下：

110/10/24 推廣大師盃

111/02/19 全面啟動盃暨福袋抽獎活動

111/10/08 共享寰宇，好在築夢

112/05/20 綻放初心，展翅遠航

112/06/09 共享初夏，好玩沖繩

112/11/04 共享幸福，好在有你

113/03/02 共好領航，乘風翱翔

113/05/23 共遊峇里，好玩有你

共好致富 10個帶你從夢想到實踐的翻轉關鍵！
一起Try共好嗎？

更重要的是，他成為團隊領導人，與他的夥伴們一起推廣財商知識，影響了數百人的經濟狀況，為原本不了解財務狀況的人，能有清晰的道路，走上財務健康。

Try 共好嗎？
勇敢嘗試的 TRY 有哪些

‧面對家庭變故和逆境，始終保持積極樂觀的態度

大樹在成長過程中經歷了許多挫折和打擊，包括父母離異、家庭經濟狀況惡化、投資失敗、女友離世、弟弟離世等。然而，他並沒有因此放棄希望，而是始終保持積極樂觀的態度，努力奮鬥。他相信，只要不放棄，就一定能夠戰勝困難，取得成功。

‧不斷學習，提升自我

大樹深知學習的重要性，他積極參加各種講座和學習活動，不斷充實自己。他學習了理財知識，提高了財務管理能力；他學習了人際溝通技巧，改善了人際關係；他學習了個人成長知識，提升了人生境界。

‧敢於嘗試，突破自我

大樹勇於嘗試新事物，突破自己的舒適圈。他從事過多種不同的職業，包括電子製造業、軟體工程師、理財顧問等；他投資理財，嘗試不同的投資策略；他參加「財富實踐旅程」課程，挑戰自我。

·幫助他人，分享經驗

　　大樹在取得成功後，不忘回饋社會，幫助他人。他分享自己的理財經驗，幫助他人改善財務狀況；他分享自己的學習心得，幫助他人提升自我；他鼓勵他人勇敢嘗試，追求自己的夢想。

　　如今的大樹，已經成為了一個充滿正能量、樂觀積極的人，他的故事無疑會給許多人帶來鼓舞和啟發。

更多內容，歡迎在各大平台，收聽我們的 Podcast 節目：**Try 共好嗎？**

可直接掃描 Qrcode 收聽工程師大樹的專訪：
**愛情還是麵包？人生從單親農村開局，
曾經歷帳戶凍結又失去摯愛與親弟，
但他逆襲重生！**

公職人員退休計畫發起人

陳昭憲

鐵飯碗公職人員　也需要學習財商！？

　　本篇我們邀請了擔任警察的陳昭憲先生，一探究竟共好財商課程的真相！分享他個人的學習經歷。

　　陳昭憲警官從小就在經濟壓力下努力工作，但靠加班換來的收入，仍不足以改善生活。透過積極參加理財和投資課程，直到接觸了共好的課程，他學會了與眾不同的預算和財商思維，透過協會提供的公式和實踐，一步步徹底改變了他的理財觀念和生活方式。他不僅還清了家中的債務，還分享這樣的知識，幫助許多同事改善家庭經濟狀況。

　　我們將讀到昭憲警官分享他的親身經歷，從探索共好課程，到財商在他的生活中扮演了多麼重要的角色。同時，他將透過自己辦理的多起複雜詐騙案件的經驗，向我們揭示最新的詐騙手法和常見的陷阱。我們不僅會了解到詐騙如何運作，還將學到如何正確判斷資訊，並在遇到問題時如何應對，避免成為詐騙的受害者或加害者。

　　訪談過程中，昭憲神情堅毅而親切。他的背景很不簡單，

從小受到軍人大哥的影響，高中畢業後考上了警察專科學校。畢業後他被分發到家鄉南投工作，至今已有 10 年的警察資歷。

昭憲坦言，當初選擇警察這份職業是希望能夠早日退休。警察的起薪較高，讓他覺得存錢買房會比較容易。然而隨著時間推移，他發現單靠警察薪水要應付生活開銷，仍然很吃力。

原以為的高薪公職工作　卻不等於高資產

許多人認為警察應該很懂得理財，不容易被騙。但昭憲卻道出了警界中鮮為人知的一面——許多警察同仁因為缺乏理財知識，反而更容易掉入投資陷阱。昭憲舉例說明，有些警察同事存到一筆錢後，就急於進行高風險投資以求快速致富。比如投資虛擬貨幣，卻不慎落入詐騙集團的圈套。這些集團常用「穩賺不賠」等話術誘騙投資。

更令人心痛的是，許多警察同仁即便被騙也不敢求助，怕丟臉而選擇默默承受損失。昭憲呼籲大家提高警覺，不要輕易相信高報酬低風險的投資承諾。他建議民眾如遇可疑情況，應立即向警方或金融監管單位舉報求援。

近年來警界出現多起自殺案件，令人痛心。昭憲分析，這可能與工作壓力大、經濟負擔重有關。許多警察需獨立撐起一個家庭，負擔房貸、車貸和育兒費用，壓力巨大。訪談對話中，

共好致富 10個帶你從夢想到實踐的翻轉關鍵！一起Try共好嗎？

揭露了警察這份工作艱辛的一面。昭憲希望藉由分享自身經歷，提醒大家重視理財教育，也呼籲社會各界關注警察的處境，給予更多支持和理解。

作為一名警察，昭憲是如何鼓起勇氣，開始學習投資的呢？昭憲坦言，他一直熱愛學習，即使在遇到共好協會之前，他就已經在股票、期貨、甚至身心靈方面投資自己。他深信一個人的財富不會超過自己的認知之外，因此投資自己的大腦可以拓寬視野，自然而然財富也會隨之增加。

認識共好　大膽假設小心求證

當被問到是否擔心遇到詐騙時，昭憲承認起初也有些猶豫。但透過凱傑分享，他接觸到預算思維的概念，這徹底改變他對理財的認知。預算思維並非單純談論投資，而是教導一種財商觀念，讓人學會更智慧地運用金錢。

昭憲舉例解釋預算思維：假設要買一支四萬元的 iPhone 手機，傳統思維是花掉四萬就沒了，錢的使用次數只有一次，要再賺錢才能再買。但透過預算思維，可以計算出未來 50 年可能需要更換 25 支手機，總預算約 100 萬。如果能用 1/10 的金錢讓你每年換新手機，同時保留大部分資金，這將是更明智的做法。

預算思維實際上是將未來可能的支出，提前規劃成預算，

再將這筆預算轉化為資產，讓資產產生的價值，持續支應未來的花費。這種方法可以讓財務狀況變得更加輕鬆。昭憲分享了他在共好協會學習的獨特之處。他特別欣賞協會提供的學習環境，不同於以往上完課就要自己摸索實操。在協會中，有人手把手的教導如何運用公式，並全程陪伴執行財務調整計劃，就像有人陪跑一樣，一步步將財務的藍圖實現。

談到警察圈子的生態，昭憲描述這是一個相對封閉的群體。警察經常接觸負面情緒和弱勢群體，需要面對很多社會的陰暗面。為了紓解壓力，許多警察下班後，會選擇喝酒、唱歌等方式放鬆，但這些方式既難以改變現況又花錢。

圖　昭憲父母的認同，讓昭憲獲得更大的力量！一起為家庭的財務負責任。

10個帶你從夢想到實踐的翻轉關鍵！一起Try共好嗎？

學以致用，拯救家中的財務危機並換新車

昭憲還分享了他如何說服父母接受新的理財觀念。他巧妙地運用了一款財富流遊戲，讓父母在遊戲中認識到自己的財務問題。他的母親善於賺錢，但不懂得處理債務及留住價值，父親則容易被負面情緒影響。透過遊戲，昭憲成功引導父母反思，並願意嘗試新的理財方法。

昭憲提醒大家要提高警惕，不要輕易相信高報酬低風險的投資承諾。他建議如遇可疑情況，應立即向警方或金融監管單位舉報。透過分享自身經歷，昭憲希望能喚起更多人重視理財教育，同時也呼籲社會各界關注警察的處境，給予更多支持和理解。

昭憲分享了他如何幫助家人改善財務狀況的經歷。當時，他的父母收入中斷，家裡陷入了財務漩渦，不得不借錢還房貸。作為兒子，昭憲決定挺身而出。他利用警察的身份優勢申請貸款，承擔了家裡剩下的 200 萬房貸，並透過財務調整成功處理掉這筆債務。不僅如此，他還用學到的財商知識為自己購買了一台 Tesla Model Y，而當然不僅僅是買下，更重要的是透過學習，讓他不用負擔成本就能擁有。

談到新車，昭憲的眼中閃耀著興奮神情。他笑著說，在車子到來之前，他就已經幻想到開著它去露營的場景，甚至提前

訂好了氣墊床。當被
問到同事的反應時，
昭憲坦言，許多人起
初都很懷疑，以為他
加入了什麼直銷組織。
但他的改變確實引起
了同事們的好奇。

圖　財務調整後，昭憲擁有人生第一台特斯拉。

真正的學習不是技法　而是從心法與邏輯開始

　　昭憲還分享了幾個印象深刻的案例。第一個是一位廚師朋
友，他原本想透過虛擬貨幣快速致富，結果落入詐騙陷阱，每
月現金流負一萬元。在昭憲的建議下，這位朋友接受了財務調
整，最終將現金流轉為正一萬五。

　　另一個案例，是昭憲的警校學弟夫婦。這對警察夫妻原本
每月現金流負 8 萬 1，透過財務調整後轉為正 4 萬 6，巨大的改
變讓他們看到了希望。

當被問到如何應對被懷疑是詐騙時，昭憲強調，真正的學習是先改變思維，而不是一開始就要求投入大筆資金。他鼓勵人們先上課學習，再決定是否採取行動。昭憲提到了另一位曾被虛擬貨幣詐騙的警察朋友。他強調，避免被騙的關鍵，在於理解投資背後的邏輯結構，清楚了解資金流向，管道是否為合法。

整個訪談中，昭憲展現了作為一名警察的洞察力，和作為一名理財學習者的熱情。他的經歷改變了自己和家人的生活，也為其他警察同仁提供了寶貴的經驗和啟示。透過分享這些故事，昭憲希望能喚起更多人對理財知識的重視，幫助他們避免落入財務陷阱，實現更好的生活。

而談到有關警察的具體工作內容，昭憲首先介紹了他目前在偵查隊的工作，指出詐騙案件是他們最常處理的案件類型。每個偵查員通常同時負責 20 到 30 件詐騙案，他提到常見的詐騙類型包括虛擬貨幣、交友詐騙和股票投資詐騙等。

令人意外的是，昭憲指出，高知識分子和有資產的人，往往更容易成為詐騙的受害者。以他實際偵辦過的案子來說，他舉例，甚至有教師和校長也曾經上當受騙。這些受害者通常認為自己不可能被騙，但卻容易被所謂的「高回報、穩賺不賠」的投資計劃所誘惑。

昭憲詳細描述了詐騙集團的常用手法，稱之為「養、套、

殺」。詐騙者會先讓受害者小額獲利，建立信任，然後誘導他們投入更多資金。他們會創建群組，安排內部人員演戲，營造出一個人人獲利的假象，誘使受害者加碼投資。

當受害者想要提取資金時，詐騙者就會以各種理由要求額外付款，如保證金或系統錯誤費用等。有時甚至會慫恿受害者向親友借錢或申請貸款，使受害者陷入更深的財務困境。

為什麼即使是高知識分子也會上當？昭憲認為這與人性有關。他指出，在訊息爆炸的時代，如果沒有清晰的判斷力，很容易被誤導。他強調，不要貪心，要有判斷力，考慮投資是否合理、合法非常重要。

昭憲建議，如果對某項投資有疑慮，可以撥打 165 專線或 110 尋求幫助。他還提醒大家注意新興的 AI 詐騙手法，例如利用 AI 技術模仿親人聲音進行詐騙。

冥冥之中的緣分　實現對阿嬤的承諾

最後，昭憲分享了一些真實案例，包括一位退休里長被騙巨額資金，以及一對退休夫妻被騙 1400 萬的悲慘經歷。他強調，即使警方多次警告，有些受害者仍然不願相信自己被騙，這使得防範詐騙變得更加困難。

筆者培峯總結道，雖然詐騙手法日新月異，但核心問題還是在於人性。他建議讀者提升財務知識，拓展對金錢的認知，以增強判斷力。他鼓勵大家透過各種渠道學習理財知識，以更好地保護自己免受詐騙。

　　昭憲首先回顧了一段令人動容的家庭經歷。在接觸共好協會之前，他的家庭面臨著財務困境，同時祖母的健康狀況也不斷惡化。在祖母離世前，昭憲向她許下承諾，要改善家庭的處境，這個承諾成為了他人生的轉捩點。

　　在尋找改變的過程中，昭憲遇到了傑哥，並透過他接觸到了共好協會。昭憲感覺這像是祖母在冥冥中的引導。經過一年的努力，家庭的情況確實如他所承諾的那樣好轉了。他們不僅改善了家庭環境，還能夠一起外出旅遊，父母也不再為經濟問題擔憂。

　　昭憲深情地描述了他如何回到祖母神主牌前，感謝她給予的力量和引導。令人感動的

圖　財務調整過後，昭憲招待爸媽免費出遊峇里島。

是，在他訴說這些後，祖母竟出現在他的夢中，微笑著牽起他的手，彷彿是對孫子成就的肯定。

轉換話題後，培峯詢問了昭憲參與協會最後一個進階課程「財富實踐旅程」的經歷。昭憲坦言，起初他以為這只是一個教人如何賺錢的課程，但實際參與後發現，它涉及的範圍遠超過單純的財富累積，還包括個人目標設定、家庭關係和未來事業規劃。

作為一名公務員，昭憲參加這個課程的初衷，是尋找提早退休的可能性。他不想一輩子只做警察，希望為自己開闢新的人生道路。在課程中，他學到了許多寶貴的經驗，特別是如何平衡、改變自己和影響他人的期望。

昭憲還分享了他在課程中取得的成果。除了創造了額外的34萬元收入外，他還發起了一個名為「憲在退休」的計劃。這個計劃旨在幫助更多的公務人員、警察同仁實現提早退休的夢想，讓他們能夠擁有更多的時間和自由，去追求自己想做的事情。

最後，昭憲提到他已經影響了近60位警察同仁，接觸這個可以改變人們財商思維的環境。他觀察到，願意跨出第一步的警察同仁，通常有兩種情況：一種是看到昭憲的正面變化而主動詢問的，另一種是因財務壓力而不得不尋求幫助的。

但不論是何種情況的警察同仁，他都相當歡迎來找他聊聊，昭憲強調，面對自己的財務狀況，並勇於改變是關鍵。他呼籲感

到生活壓力大的警察或公務員，可以與昭憲聯絡，尋求幫助和建議。昭憲的經歷證明，即使在壓力重重的警察工作中，也有可能透過正確的方法和態度，實現個人和家庭生活的顯著改善。

截止文章撰寫時，已經有 16 個家庭，因為昭憲的影響力與經驗分享，開始學習調整自己的財務順序，並達到財務健康的狀態。而他也僅開始學習 1 年的時間，其中幫這些朋友保留下的財富價值，高達 60,900,000 元，並參加了協會大型活動如下：

112/11/04 共享幸福，好在有你

113/03/02 共好領航，乘風翱翔

113/05/23 共遊峇里，好玩有你

更重要的是，他是第一位自己出發，也分享給許多公職人員了解與認識財商。為原本不了解財務狀況的人，能有清晰的道路，走上財務健康。

Try 共好嗎？
勇敢嘗試的 TRY 有哪些

‧積極學習理財知識

昭憲在認識共好協會之前，就已經在股票、期貨、甚至身心靈方面投資自己。他深信一個人的財富，不會超過自己的認知之外，因此投資自己的大腦可以拓寬視野，自然而然財富也會隨之增加。

‧改變思維，運用預算思維

昭憲透過共好協會學習到的預算思維，徹底改變了他對理財的認知。預算思維教導他如何更智慧地運用金錢，讓財務狀況變得更加輕鬆。

‧尋求專業協助，制定財務調整計劃

昭憲在父母陷入財務困境時，承擔了家裡剩下的 200 萬房貸，並透過財務調整成功處理掉這筆債務。

‧分享自身經驗，幫助他人

昭憲分享了他如何幫助家人，改善財務狀況的經歷，並鼓勵那些感到生活壓力大的警察或公務員，可以與他聯絡，尋求

幫助和建議。

在這一系列勇敢嘗試的過程中，透過昭憲的案例，能減少社會案件，尤其是警察自戕的新聞，著實令人心痛，希望這樣的案例，能為身處絕望的人帶來一絲光芒，並看見希望。

更多內容，歡迎在各大平台，收聽我們的 Podcast 節目：**Try 共好嗎？**

可直接掃描 Qrcode
收聽昭憲的專訪：
刑事警察親身見證：是詐騙，還是可靠？
共好課程真相大揭密

軍人退伍輔導中心創辦人

藍悅綺

明明能領終生俸躺平　卻從迷彩選擇精彩

　　職業軍人是不少人認為的鐵飯碗，除了穩定外，過去最令人稱羨的，是為下半輩子留下保障的終身俸。但終生俸真的可以躺平嗎？很多軍人都以為，只要再堅持幾年，終生俸就能讓他們安穩度過餘生。然而，這真的是實現理想生活的唯一途徑嗎？我們邀請到了一位特別的朋友——退役軍人悅綺，她不僅是一名女性，更曾經在軍旅生涯中經歷過無數挑戰，她的故事或許會顛覆你的認知。

　　悅綺（小悅）是一位擁有十一年軍旅生涯的中士，她本可以選擇再待九年，領取終生俸享受穩定生活。然而，她做出了截然不同的選擇，毅然退伍，開啟全新的人生旅程。

　　小悅分享她在軍中的生活，以及軍旅沒有帶給她安全感的真正原因。她談到軍人理財普遍存在的困境，以及她是如何透過協會的理財課程和順序調整，學會了理財、累積資產，並最終勇敢地摘下軍徽，奪回了對自己人生的掌控權。現在她創建了「退休輔導中心」的事業計劃，想幫助其他軍人理財規劃或安全退伍與協助，幫助弟兄姊妹們重新奪回人生選擇權！

踏入軍旅生涯　巾幗不讓鬚眉

　　故事當然是從踏入軍旅生涯開始說起，小悅曾在國防部示範樂隊服役長達 11 年之久。軍中故事讓人聯想起許多軍旅題材的影視作品，如《報告班長》或《新兵日記》。然而，悅綺的經歷並非只有軍營生活那麼簡單。

　　悅綺和許多軍人一樣，因為對財務管理缺乏認知，曾陷入嚴重的經濟困境，甚至不得不向朋友借錢度日。但是，透過參與協會的課程，悅綺學會了如何提升自己的信用評分，掌握理財技巧，並重新安排用錢的順序。最終，她重拾了對財務的掌控權。

圖　2018 年元旦升旗典禮，悅綺擔任樂隊大鼓手。

現在的悅綺已經成功退伍，不再需要無條件服從他人的命令。她重新掌握了人生的主導權，並開始了自己的事業。悅綺的這段轉變過程雖然艱辛，但也彌足珍貴。

　　當被問及為何選擇成為職業軍人時，悅綺的眼神中閃過一絲複雜的情緒。

　　她娓娓道來，自己出身於單親家庭，母親獨自撫養她和妹妹長大。由於媽媽剛在新北購入了房子，為了每個月的房貸，也為了家庭的經濟穩定，母親鼓勵她報考國防部示範樂隊。悅綺坦言，起初她對此相當排斥，因為她從小學習音樂，原本有機會在劇團就業。然而，出於對母親的孝順，她最終還是選擇了軍旅生涯。

　　以當時二兵的薪餉，大約是 26,800 元，需要支援家庭的金額就高達 2 萬至 2 萬 4 千元，基本上是將薪水全額交給家用，自己則是在軍中盡可能省吃儉用。

　　好奇地追問悅綺剛入伍時的心情。悅綺微微一笑，回憶起那段難忘的經歷。她描述了剪短髮的場景，50 位新兵排隊等待剪 3 分鐘的極短髮型。作為愛美的女孩，悅綺直到晚上洗澡時，才在鏡中看到自己的新形象，那一刻的震驚至今難忘。

財務狀況一落千丈　深陷財務漩渦

　　談及財務困境，悅綺的表情變得凝重。她回憶道，自己開始意識到財務問題，是在被銀行催繳的時候。由於缺乏理財知識，她不知不覺間，陷入了信用卡循環利息以及信貸的泥沼。當負債累積到 35 萬到 40 萬時，悅綺甚至開始躲避銀行的催收電話。

　　當時由於完全沒有財商概念，只知道信用可以分期、可以繳最低金額，起初的每個月得過且過，但不斷累積卡債，如同堆雪球一般，直到連最低金額都繳不出來時，她把腦筋動到了信用貸款上。由於職業軍人的身分，也不難取得貸款，當下看似解決了一個問題，殊不知是在挖另外一個大坑，就這樣不斷陷入財務漩渦。

　　當問到悅綺，這是否只是你的個案，悅綺搖了搖頭，語氣中帶著一絲無奈。她表示，在軍中，這樣的財務困境並非罕見。事實上，相比那些不得不求助於高利貸的同袍，她的處境還算輕微。

　　透過悅綺的分享，我們看到了軍人生活鮮為人知的一面，也深刻認識到財務教育的重要性。她的故事不僅是個人奮鬥的縮影，更折射出許多社會問題，值得我們深思。

軍人與財商的關係　不學習就「沒關係」

　　好奇地詢問悅綺，為什麼軍人這個群體在財務管理上，與一般人會有如此大的差異。悅綺沉思片刻解釋道，一般人眼中的軍職生涯，似乎是收入穩定、福利優渥的理想職業。然而，現實情況卻大不相同。悅綺指出，軍人的生活環境相對封閉，接收外界訊息的機會有限。即便現在人人都有智能手機，但因為執行任務、管制休假等原因，軍人與外界的接觸仍然受到諸多限制。

　　詢問是否曾聽說過軍人遇到詐騙的案例。悅綺輕嘆一聲，回憶起每年發放年終獎金時，長官都會特別提醒大家警惕詐騙。她解釋說，許多人 18 歲高中畢業就加入軍隊，缺乏進一步學習和接觸外界的機會，因此容易成為詐騙的目標。

　　話鋒一轉，問到悅綺對理財的看法。悅綺坦言，起初她以為理財就等同於投資，就是想辦法讓錢變多。然而，經過系統的學習後，她才意識到理財是一個更加全面的概念，投資只是其中一環。她強調，理財的第一步應該是理解自己的財務狀況，這看似簡單，卻往往被人忽視。

　　隨後，話題轉向了軍人最為關心的終身俸問題。悅綺回憶起，自己曾經為此進行過深入的計算和思考。她發現，即使服役 20 年後獲得的終身俸，可能也難以應付未來的生活開支。這讓她開始質疑，這樣的人生規劃是否真的符合自己的期望。而

且時不時登上新聞的年金改革或制度調整，跟過去的制度相比，現在的終生俸已減少了 1/4，未來還更是未知，原本的鐵飯碗好像經不起敲打了。

悅綺還提到了一個令人深思的比喻：終身俸更像是一種「精神賠償金」，補償軍人將青春歲月奉獻給國家的代價。她指出，許多人可能不理解，為什麼 40 多歲的退役軍人找工作會有困難，但事實上，他們的黃金學習和發展時期都奉獻給了國家。

最後，悅綺分享了她做出退伍決定的艱難過程。面對家人和同事的不理解，她堅持自己的選擇。悅綺形容這個決定就像站在人生的十字路口，右邊是已知但不想要的未來，左邊則是充滿未知的迷霧。最終，她選擇了挑戰未知，為自己的人生負責。

透過悅綺的分享，我們看到了軍人生活鮮為人知的一面，也深刻認識到財務教育和生涯規劃的重要性。

圖　悅綺感謝一直以來幫助她許多的哲昀總會長、湘茗紫星，並由湘茗傳承更大的責任給悅綺！

共好致富 10個帶你從夢想到實踐的翻轉關鍵！一起Try共好嗎？

脫下軍裝重啟人生　卻遭社會磨練困難重重

在悅綺退伍後的日子裡，她經歷了一段艱難的適應期。原本與朋友約定好的工作機會不了了之，讓她一度感到非常失落和自我懷疑。悅綺回憶道，那段時間她甚至去做過包裝月餅禮盒的零工，以維持基本生計。

然而，命運的轉折點很快就來臨了。悅綺有幸遇到了共好發展總會，並獲得了一個難得的工作機會。她感慨地表示，自己當時就像一張白紙，而且還是一張即將 30 歲的白紙。在這個年齡段開始新的職業生涯，與剛踏入社會的年輕人相比，難度不可同日而語。

悅綺深深感激總會長給予她學習和成長的機會。她坦言，正是共好提供的環境和資源，幫助她走出了財務困境。悅綺回憶起當時的窘境：每月只剩 2000 元，連最低還款都無法支付，負債高達 35 萬到 40 萬元。

在共好的幫助下，悅綺開始了艱難的財務重建之路。她形容這個過程就像減肥一樣困難，特別是在重建信用評分方面。悅綺說：「破壞信用只需要一夕之間，但要重建卻非常困難。」

經過半年的努力，悅綺的財務狀況有了顯著改善。原本每月需要償還 3 萬 7 千元的債務，調整後只需要支付 7 千元。這個巨大的改變，讓悅綺更加堅定了自己的選擇。

圖　悅綺與共好總部團隊合影，悅綺感謝總會長創造了這個環境，也感謝總部
　　團隊協助維護環境與文化，讓共好的旅程愈發蓬勃。

　　筆者培峯好奇地詢問悅綺，是否知道其他軍人的財務調整
案例。悅綺分享了幾個令人印象深刻的故事。她提到了一位名
叫尚靜的同事，從零開始慢慢累積被動收入；還有一位名叫冠
陞的單親軍官，雖然面臨巨大的經濟壓力，但透過合理規劃，
現在不僅能夠負擔房貸和孩子的教育費，甚至還開上了特斯拉。

　　然而，並非所有的故事都有圓滿的結局。悅綺沉重地提到
了一位因財務問題而選擇輕生的軍人朋友。這位朋友涉及投資
和博弈，最終陷入難以自拔的財務漩渦。悅綺感嘆道，在軍中，
類似的悲劇並非罕見。據她所知，僅今年就已有十幾位軍人，
因各種原因選擇了結束生命，而經濟財務問題排在導致自殺的

原因中的第三位。

　　透過這些真實的案例，悅綺強調了財務教育和正確理財觀念的重要性。她呼籲大家要重視財務管理，因為它不僅關係到個人的經濟狀況，更可能影響到一個人的職業生涯，甚至生命安全。悅綺的故事和她分享的案例，為我們展現了財務困境，將如何影響一個人的生活，同時也指出了走出困境的可能性，給人以希望和啟示。

　　和悅綺探討了她人生轉變歷程，悅綺分享了她參與「財富實踐旅程」課程後，如何開始思考更遠大的人生目標。

找到無限可能性　尋求自己的價值

　　起初，悅綺的目標僅僅是調整個人財務，希望能夠達到投資的階段。然而，在與課程教練的一次 20 分鐘談話中，教練的一句話，徹底改變了她的思維方式：「不要把你的地板當成天花板。」這句話讓悅綺感到困惑和不安，但同時也激發了她更深層的思考。

　　悅綺開始反思，當她的財務狀況改善，擁有更多精力時，她還能為周圍的人做些什麼。她回想起自己過去在軍中的經歷，意識到許多人在那個環境中，辛苦工作二十年後仍需繼續奮鬥。雖然有些制度性問題她無法改變，但她開始思考如何協助這些

人進行生活和職涯規劃。

這促使悅綺萌生了一個想法：成立一個類似榮民服務處或退休輔導中心的組織，幫助軍人規劃退伍後的職涯、尋找工作和進行財務規劃。這個想法不僅擴大了她的視野，也賦予了她新的人生使命。

悅綺強調，這個為期三到四個月的課程不僅僅是上課。更是一次從零開始實踐目標的旅程。課程中的會員們，雖然目標各不相同，但都懷著相同的決心。看到其他人一一達成目標，悅綺受到極大鼓舞，明白了實際行動的重要性。

透過這個課程，悅綺不僅開拓了眼界，還培養了團隊意識。她意識到，這個旅程可能會持續到她 80 歲，這種長遠的視角，徹底改變了她對人生的認知。

悅綺還分享了幾個令她感動的案例。一位名叫冠陞的會員，在上完課後迅速採取行動，買了特斯拉並改善了房貸狀況。另一位名叫毓紘的會員，則成功加盟特斯拉出行產業鏈，成為 Uber 司機。看到這些夥伴的成功，悅綺感到比自己達成目標還要開心。

最後，悅綺提到了一次與會員們共同前往峇里島的經歷。從最初只有她和另一位同伴出國，到現在能夠與一群志同道合的夥伴一起旅行，這種轉變令她深感欣慰。她認識到，對許多軍人來說，真正的障礙不是出國本身，而是財務問題和對未來的迷惘。她解釋說，對軍人來說，出國旅行並不容易，因為需

　10個帶你從夢想到實踐的翻轉關鍵！
一起Try共好嗎？

要辦理繁瑣的手續，甚至還要帶著特殊的文件才能登機。然而，隨著她幫助越來越多的軍人朋友，調整財務狀況，使之更加健康充裕，旅行逐漸成為他們可以選擇的一種生活方式。從最初只有兩人一起出國，到現在可以組織一群人同行，這種轉變對悅綺來說意義重大。

悅綺還分享了她與母親關係改善的感人故事。在她決定退伍後，她與母親的關係一度降到冰點，甚至有長達一年的時間沒有交流。然而，透過持續的努力和勇氣，悅綺最終邀請母親參加了協會表揚活動。母親的出席不僅讓悅綺感到驚喜，也讓母親看到了女兒新的生活狀態、周圍的支持系統，從而開始認同悅綺的選擇。當時的她，因為自身狀態已相當好，有時候簡單的一個詢問，就能解開複雜的家庭關係糾結，不需要長篇大論的解釋。

在協會，我們看到了悅綺如何從一個沒有明確目標的軍人，轉變成一個懷抱遠大抱負、願意幫助他人的人。她的故事展示了個人成長和團隊合作的力量，以及如何透過不斷學習和行動來實現自我突破。

問到悅綺會給予正在軍中或公務員系統中面臨抉擇的朋友，什麼樣的一些建議。悅綺深有感觸地表示，無論是否選擇轉換跑道，這個過程都是痛苦且不舒服的。她回想起自己在軍中服役十年時，所面臨的人生交叉路口，建議大家多問問自己：「你要的是迷彩的生存，還是精彩的生活？」這句話不僅是她個人

圖　2024年3月參與共好領航乘風翱翔典禮，母親親眼見證悅綺的成長與蛻變，並一同與悅綺團隊合影。

經歷的縮影，也成為她在協助其他軍人朋友時的核心理念。悅綺真摯地表達了自己經歷的喜悅，並鼓勵大家勇敢迎向未來，追求精彩的生活。

我們看到了悅綺如何從一個曾經迷茫的軍人，轉變成一個能夠幫助他人、實現自我價值的人。她的故事展示了個人成長的力量，也為許多面臨類似困境的人，提供了寶貴的啟示和希望。

截止文章撰寫時，已有66個家庭在悅綺的協助下，成功調整財務，並獲得健康的財務狀況，更甚至有不少人擁有特斯拉，這樣的成果，大部分發生在過去跟她一樣是軍人的人身上，再

次驗證勇敢跨出的這一步，相當值得。同時也在這 2 年多的時間，協助朋友們保留 35,600,000 元的財富價值，也相當驚人。

在協會參加過：

111/10/08 共享寰宇，好在築夢

112/05/20 綻放初心，展翅遠航

112/06/09 共享初夏，好玩沖繩

112/11/04 共享幸福，好在有你

113/03/02 共好領航，乘風翱翔

113/05/23 共遊峇里，好玩有你

等大型活動，並獲得表揚。

Try 共好嗎？
勇敢嘗試的 TRY 有哪些

・學習理財知識

悅綺在軍中缺乏理財知識，曾陷入信用卡循環利息以及信貸的泥沼。透過協會的理財課程，她學會了如何提升自己的信用評分，掌握理財技巧，並重新安排用錢的順序。

・改變思維，勇敢退伍

面對終身俸制度的改變，和軍人生活的不確定性，她鼓起勇氣，做出退伍的決定，重新掌握人生的主動權。

・幫助他人，更有成就感

在財富實踐旅程中，悅綺制定了「退休輔導中心」的事業計劃，幫助軍人理財規劃或安全退伍與協助，幫助弟兄姊妹們重新奪回人生選擇權！

在這一系列勇敢嘗試的過程中，透過小悅的案例，希望也能減少社會案件，尤其是軍人自戕的新聞，著實令人心痛，希望這樣的案例，能為身處絕望的人帶來一絲光芒，並看見希望。

更多內容，歡迎在各大平台，收聽我們的 Podcast 節目：**Try 共好嗎？**

可直接掃描 Qrcode

收聽小悅的專訪：

明明能領終生俸躺平，

妳為什麼要退伍？

筆者培峯在這十個精彩的故事中，以旁觀者的身分，聊出他們與共好的生命歷程，其中共好發展總會，始終都扮演著支持大家的資源，而身為執行長的培峯，有幸地見證每個人的轉變，他們來自各行各業，但都擁有著非凡的成就和卓越的才能。他們的故事，激勵了無數聽眾，也為我們帶來了許多寶貴的經驗和啟示。他們告訴我們，只要擁有夢想，並為之努力奮鬥，就一定能夠取得成果，不論好壞都是人生養分，希望這些的經歷能夠激勵更多人，勇敢追逐自己的夢想。

創業是一場冒險，充滿了未知和挑戰。但同時，它也是一個充滿機遇和收穫的過程。在創業的道路上，我們會遇到許多的困難和挫折，但只要我們擁有堅定的信念，並為之不懈努力，就一定能夠取得成功。

我們分享了十位優秀會員的故事中，摘要出以下的一些具體建議，希望能夠幫助到正在創業或準備創業的讀者：

- **要有明確的目標和願景**。在創業之前，我們首先要確定自己的目標和願景。我們想要創辦什麼樣的企業？我們希望透過創業，實現什麼樣的價值？只有當我們有了明確的目標和願景，才能指引我們前進的方向。

- **做好充分的準備**。在創業之前，我們要做好充分的準備。這包括市場調研、資金準備、團隊組建等方面。只有當我們做好了充分的準備，才能在創業的道路上少走彎路。

- **不怕失敗**。創業是一個充滿風險的過程,失敗是難免的。但是,我們不要害怕失敗。每一次失敗都是一次寶貴的經驗,讓我們能夠在失敗中吸取教訓,從而不斷成長和進步。

- **保持積極樂觀的心態**。在創業的道路上,我們會遇到許多的困難和挫折。但是,我們要保持積極樂觀的心態。只有當我們相信自己,相信自己的事業,才能克服困難,取得成功。

創業是一條艱辛的道路,但也是一條充滿了挑戰和樂趣的道路。如果你正在考慮創業,或者已經踏上了創業的道路,那麼請一定要記住,只要你擁有堅定的信念,並為之努力不懈,就一定能夠取得成功。

最後,祝願所有正在創業或準備創業的讀者,都能夠實現自己的夢想,取得成功!

第三章

財務歷程　共同學習

「積極的態度會帶來積極的結果，因為態度是具有感染力的。」——吉格‧金克拉 (Zig Ziglar) 美國著名勵志作家

　　你是否也開始覺得逆轉人生，勝券在握了呢？

　　作者們今天能有這樣的成果，都是因為選擇相信並積極付出行動！或許在一開始也曾懷疑過、焦慮過、排斥過，但機會就出現在眼前，如果沒有嘗試著跨出那一步，那可能還在原地踏步。相信作者們至今依然感謝當初的自己，在共好透過完整的學習系統，打造專屬於自己的財務歷程，擁有全新人生！

圖　你的財務歷程

以下整理共好財務歷程成功模組：

- 共好發展總會將透過財務金流課，帶你了解財務邏輯。每一位共好會員都能夠擁有具體的執行做法，不會有太多花式的操作，單純只透過數學的計算、參數的蒐集，分析出執行的可行性。

- 接著透過資產負債表的盤點，重新調整財務順序，協助你資產活化。並在財富藍圖課程當中，透過體驗式學習，解開你的財務迷途，協助你規劃屬於你的財務方向。例如：你的被動收入要達到多少？支出費用在多少錢以內？等等。

- 釐清財務方向後，就能協助你進入財務健康的模式，但真正的歷程才要開始！當財務不健康時，每一次做的事情都在賭機率，但財務健康是用閒置資金來做投資，如果有賺，那就是多賺的；如果沒賺，那就還有時間等待。畢竟股神巴菲特曾經說過：「錢會從沒有耐心的人手中，轉移到有耐心的人手中。」所以相較於名義上的賺錢，實質上我們賺的是時間。

- 隨著時間的推進，你擁有正確財務觀念，也將持續累積資產，並且接觸能夠為你帶來正向現金流的項目，建構穩定的金流。

- 進入到第三階段「守成」（釋義：保持創下的成就與成績），也就是最容易跌倒的階段。很多人都會在這

共好致富 10個帶你從夢想到實踐的翻轉關鍵！
一起Try共好嗎？

個時候跌倒，原因是當自己現金流提升時，就會產生加法心態，導致出現鬼迷心竅的行為：「別人跟我說什麼案子不錯，我就投資；別人跟我說什麼會獲利，我就投資。」但在現金流卡住的狀況下，他可能就需要去借更多錢，來支付現在的支出。借來的錢可能需要付利息，利息還可能比他能負荷的範圍更高，會不會搞了半天，換來一場空？因此第三階段「守成」，是在協助你培養減法心態，專注、持續地穩定你的現金流，了解該如何判斷項目的必要性，以維持穩定的現金流。

· 最後，只要你現金流收入＞現金流支出，還有閒置資金可以享受生活，那你就是財富自由了！

財富自由　是爲了追求什麼？

在這個資訊量爆棚的時代，很多人會把財富自由講得很商業化、很遙不可及。但事實上，財富自由最困難的點，是當我們缺乏財商知識的時候，就會不斷地製造更多財務漩渦給自己。如果你發現自己陷入財務黑洞，最重要的事情就是要停止繼續挖洞！

我們不是要賺更多的錢才算安心，而是要賺夠用的錢，能

夠應付你的生活開銷，以及能夠做你想要做的事情，其實就是財富自由了！這也是為什麼哲昀總會長說：「很多人在追求財富自由，其實不是追求財富，而是追求自由，一個能夠自由選擇的權利。」

圖　哲昀總會長親自授課

財務金流正式課程

我們來一一剖析共好財務歷程的每個階段。

在進入財務金流正式課前，總會長常問：「你數學好嗎？」他發現，原來以前覺得自己數學不好的原因，是因為它跟我們

的生活、財務沒有直接相關。如果今天你算對了這個題目，你一個月可能可以減少 30,000 元 ~50,000 元支出的話，那勢必你會非常認真地學習計算。「你對這件事情的了解程度，將決定你對它的態度」，因為在財務金流正式課中，我們將用數學的加減乘除，來帶領你計算與學習新的財務觀念。

利息陷阱　藏匿細節

總會長想問讀者一個問題：

「紓困貸款 100 萬的利息是 1.8%~2%，

信用貸款 100 萬的利息是 5%~7%，

請問你會借 100 萬的紓困貸款去償還信用貸款，

還是會借 100 萬的信用貸款去償還紓困貸款呢？」

基本上一般人自然會從利息的高低，來決定現在的判斷，所以多數都會選擇借紓困貸款去償還信用貸款，至少看起來利息比較低，感覺總支出下降。

可惜，這也是現金流會卡住的其中一個原因。

「紓困貸款的償還年限為 3 年，所以每個月還 33,334 元；

信用貸款的償還年限為 7 年，所以每個月還 13,000 元。」

試問讀者，一個月多支出兩萬，應該會有壓力吧？

若財務的底層邏輯是錯誤的，最可怕的有可能是在於每一

個選擇，房貸、車貸、消費，都可能讓自己越陷越深，導致進入財務漩渦。

如果你只把焦點放在利息高低上面，那你就可能面臨危機；若是換個角度，把焦點放在月現金流的部分，那你將會輕鬆一些。美國投資大師菲利普‧費雪（Philip A. Fisher）曾說：「現金流是財務的重要健康指標。」所以我們應該要了解自己的月現金流，知道自己能夠負擔的程度到哪裡，而非感覺自己做了好的選擇，但卻疏忽了該留意的地方。

儲蓄迷思　創新思維

我們再來探討儲蓄的案例：

「假設你有 100 萬，每年固定將 10 萬存進銀行戶頭，總共存 10 年。10 年後，你的銀行戶頭會擁有 100 萬＋銀行給你的利息。」

你應該會覺得錢沒有不見，而是從左邊口袋換到右邊口袋，幫助你不會超支左邊口袋的錢，10 年後右邊口袋還有錢可以運用。

但我們再來看另一種作法：

「假設我們先把這 100 萬，放進一個保息、不保本的投資型工具（可能是房地產、股票、基金等），每年配息 10%（等

於每年 10 萬），並且把配息存進銀行戶頭。假設這個投資型工具很不幸地每年跌 5%，10 年後，投資型工具的本金跌到剩 50 萬。」

此時你會心痛嗎？想必會心痛到不行吧！原本手中有 100 萬，10 年後居然只剩 50 萬！

在你心痛之餘，可以比較一下兩個不同的結果：「你的銀行戶頭 10 年後依然會有 100 萬＋銀行給你的利息，但同時你還多了 50 萬的本金。」

人們常常注意的是投資的盈虧，但真正要比較的其實是結果。就好比這個案例看似虧損了 50 萬，但跟原本的結果相比，反而多了 50 萬！

儲蓄已經是保本的產物，如果我們將這個概念，套用到一定會「虧損」的事物上呢？比如旅遊、精品包包、模型等，思維從「投資虧損多少錢」，變成我能「比原本省下多少錢」，會不會看待事物就有不同的感受呢？

順序有別　賺取價值

接著再延續前面的想法：「如果你預計購買一台 180 萬的車子，正常來說你會直接繳付頭期款，並且開始揹 7 年的車貸，每個月支付 23,000~25,000 元；7 年後，如果車子的殘值為 80

萬，那麼，你就虧損了 100 萬。」

那這個「注定」要虧損的 100 萬，是不是就可以當作你的「預算」，來做些不一樣的改變呢？

人們投資往往非常在意投資報酬率，跌 10%、20%、甚至 50% 都會心痛，但有沒有想過生活中有什麼東西，是你花費之後一定賠的？那就是我們的生活用品。無形之中，你買進的是「負債」，因為它為你帶來的是負向現金流。後續你就會慢慢發現，當你身上還有房貸的時候，你的生活品質會逐漸下滑。等到你發現你壓力大得喘不過氣來，卻也可能錯過了最青春的時光，你不僅沒有當年的體力了，也沒有餘力再去享受未來的生活。所以正確的支付順序，將會為你的人生帶來更多的價值。

信用管理　人生必學

除了創新的用錢思維與觀念之外，財務金流正式課的重點之一，即是了解你個人的信用評分。人的一生一定會和銀行打交道，打從你開立戶頭即是第一步，接著可能是辦理信用卡、申請信用貸款、汽車貸款、房屋貸款等等，只是該如何知道銀行怎麼看待你，除了財力以外的就是信用了。

還不清楚這部分的讀者可能會不解，一個沒有跟銀行貸過款的人，也沒有辦理任何信用卡，但是都有把錢存進銀行戶頭，

正常來說銀行會願意讓他申請貸款吧？畢竟他又沒有欠錢。

但是他申請貸款的時候，卻被說信用不足、無法受理！這就是知識的盲區。因為他沒有欠銀行錢的紀錄，也就沒有還銀行錢的紀錄；何謂「信用卡」？即是銀行透過這項工具，來評估你信用分數的操作，因此沒有信用卡，銀行更無法評估你是否可以按時償還款項。

信用評分也叫作聯徵分數，對銀行來說，這是判斷你是否擁有償還能力的依據之一，會計入信用評分的項目包含但不限於：信用卡是否每期都只繳最低應繳金額（進而產生循環利息）？目前的收入支出比率、負債比率是多少？貸款是否有每月繳清？而在財務金流正式課中，我們邀請過往在銀行負責審理貸款的窗口來擔任講師，俗話說，邀請改考卷的人來教你如何作答，這就有趣了吧！

一對一財務諮詢

除了以上的知識之外，課程主題亦包括消費順序試算、金融工具的講解、房地產的實際應用、現金流拆解演練等等。在學習課程內容後，我們會教你如何填寫資產負債表，進而能夠順利預約一對一財務諮詢！

在財務諮詢前，我們的諮詢團隊將為您盤點資產、負債，

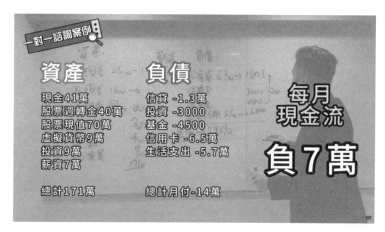

圖　（經授權）學員財務諮詢前盤點

為您釐清個人財務，並透過每一個人的財務狀況，以及想要達成的結果，打造出獨一無二的財務公式。這往往是一個人生翻轉的開始！

　　你會逐漸清晰你的財務道路與目標，但我們無法跳過財務金流正式課，就直接進行一對一諮詢。因為在財務金流正式課學習的，即是為了讓財務諮詢能夠順利進行的知識。當你要執行一件事，你必須對他抱有一定的了解，才有可能好好地操作它、善用它。「不怕一竅不通，只怕半會半通」，這是共好一直在倡導的事情，寧可你什麼都不會，但願意學習；也不要你一知半解，就索性地操作。這就呼應到前個章節，財務不健康

共好致富 10個帶你從夢想到實踐的翻轉關鍵！
一起Try共好嗎？

時，每一次做的事情都在賭機率，勢必會發生一些認知上的落差，導致錯誤的判斷。

因此，財務是人們一輩子的功課，我們必須了解它、正視它，進而為它、為自己做出更好的選擇，才有機會累積資產。

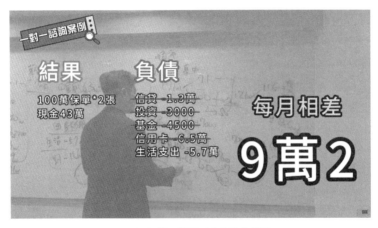

圖 （經授權）學員財務諮詢後結果

財富藍圖課程

當時範例中的這位學員，也難以相信自己還有調整的空間，他沒想到居然有機會可以在生命中重現曙光！

你會覺得我們在教投資嗎？不妨思考一下，你要準備多少的本金、投入多少的項目，才有可能從每個月現金流 -70,000元，轉變成 +22,000 元，正負差 9 萬 2,000 元？還要保證獲利？那風險該有多高、壓力該有多大呀！

　　其實不然，投資只是理財的一部份，而理財其實是「理解你的財務」，理解邏輯、位置與順序。總會長常說道：「投資有賺有賠，降低支出穩賺不賠！」所以，我們也孕育出了財富藍圖課程，這是一門整天的實體課程，協助大家面對自己的財務，有系統性地規劃屬於自己的財務發展方向。

圖　財富藍圖課程場場爆滿

共好致富 10個帶你從夢想到實踐的翻轉關鍵！
一起Try共好嗎？

姓名			年齡		職業		婚姻	□已婚 □未婚	
資產		1、產生正向現金流 2、能夠取得資金			**負債**			產生負向現金流	
	名稱	市值(現值)	月收入	總類	名稱	餘額	月付金	月攤還	
現金				固定支出	房貸				
					信貸				
儲蓄、投資					車貸				
					儲蓄				
					保險(儲蓄、投資)				
動產(殘值)									
不動產(市值)									
週轉金(信任)				一般支出	生活費				
					房租				
					保險(醫療)				
薪資(信用)					牙套				
					水電				
					耗材				
其他	總計	0	0			總計	0		
						收支狀況	0		

圖　資產負債表

資產負債表

　　究竟資產負債表怎麼寫？其實，想要擁有健康的財務體質，就必須要面對自己的財務。共好諮詢團隊曾經碰過好幾位學員，拿著資產負債表，雙手卻在發抖。他們說，其實他們一點都不想要碰這些東西，所以一直拖著不去做，直到現在已經快撐不下去了，才必須要鼓起勇氣面對，奮力一搏。這讓我們感慨萬千，在學員們遲遲沒辦法面對的時候，也就此浪費了可以趕快

財務調整的時機，陷入了財務漩渦。

我們再深入探討財務漩渦、財務流沙的概念：一開始踩到流沙可能只有一點點陷下去的感覺，這就是變成負向現金流的時候；但這時候腦袋告訴你，前面那個地方是綠洲！於是你繼續硬著頭皮往前走。而綠洲就是你「以為」的獲利，以為現在趕快加油應該賺得到，洗腦自己會賺錢，接著就會越陷越深，越陷越深……

當你的腰部已經陷進流沙時，即是感到身上的錢好像不是很夠用，總覺得哪裡卡卡的時候。此時的你，會覺得自己不夠努力、錢不夠用，要趕快做更多的投資、做更多的工作、賺更多的錢；可是人的體力有限，在急迫需要有收入的狀況下，就容易胡亂投資，這時候流沙就會覆蓋你的鼻腔，讓你喘不過氣來；

在快被漩渦滅頂的時候，就會開始做出任何能夠先獲得收入的事情，很可能就會跑去跟身邊的人借錢。所以財務漩渦其實不會只有一個人受害，跟溺水一樣，往往會拖住身邊的人一起溺水。

聽來恐怖，但多數人的財務即是如此，「你認為的資產，可能是你的負債；你認為的負債，可能是你的資產」、「捨不得，動彈不得」這些都是總會長及諮詢團隊時常提醒的，大家都在金山裡面找機會，卻沒料想到機會、資源都在自己的手中。你知道活存、定存要填在哪個欄位嗎？你知道填寫薪資的用意

共好致富 10個帶你從夢想到實踐的翻轉關鍵！
一起Try共好嗎？

是什麼嗎?你知道信用卡分期可能帶來的影響嗎?你知道週轉金是短期使用別人金錢價值的機會嗎?

因此,透過填寫資產負債表,來正視、誠實面對自己的財務,接著調整財務順序,就有逆轉人生的無限可能!

花費四象限

當你清晰規劃自己的錢可以如何使用時,接著就能利用花費四象限,來判斷每一筆費用是什麼樣的意義。其中:想要且需要＝A象限;想要但不需要＝B象限;需要但不想要＝C象限;不想要也不需要＝D象限。

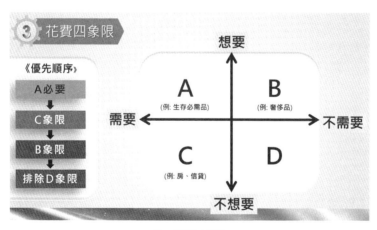

圖　花費四象限

而正確的花費優先順序，應為 A 象限＞C 象限＞B 象限＞排除 D 象限。

　　如果你的花費象限都在 A 與 C，是否負擔太多家庭的經濟壓力了呢；如果你的花費象限都在 B 跟 D，是否需要檢視一下自己的消費習慣呢；或許很難體會到為什麼會有 D 象限，但真有如此！假設今天是為了實現家庭的目標與期待，在未妥善評估及超出自己能力範圍後，硬生生地花光儲蓄買了房子，經濟壓力排山倒海而來，往後的人生便成了「房奴」。

　　試想一下，夫妻、家庭為什麼會常常吵架？就是我們對錢的使用優先順序是不同的。可以用這個有效的工具，了解你和身邊的人對於錢的價值觀，以及對各種花費的解讀與意義，一起討論出適合的生活模式，而夫妻、家庭能夠有共識，就是再好不過的事情了，也將幫助你前往更順暢的人生道路。

圖　分戶管理

共好致富　10個帶你從夢想到實踐的翻轉關鍵！一起Try共好嗎？

分戶管理　專款專戶

　　我們如何讓錢滿足我們的生活所需，重點在於我們如何看待錢。當我們願意為錢做好整理與收納，願意花時間分類帳戶改善財務體質，那我們就更有可能可以累積資產。在多個帳戶裡，我們要清楚每一筆金流的去向、每一個帳戶的功能。結合花費四象限，並利用分戶管理與專款專戶的概念，來管理你的金流。把收入帳戶、生存帳戶、固定支出帳戶、閒置帳戶等規劃出來，讓每一筆項目都有專屬的位置，藉以達到清晰的目標。

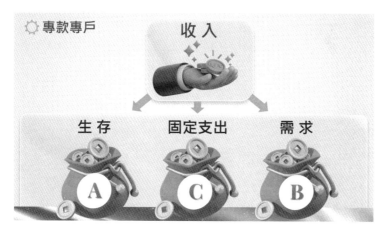

圖　專款專戶

你對錢的看法

關於內在的主題，即是你對錢的看法。很多人看到金錢就怕，很多人覺得錢是萬惡的根源。但其實錢本身是中性的詞，只是我們如何看待它，用好的心態、好的方法、好的順序去想，培養對錢的正向感受，畢竟金錢喜歡為它創造價值的人！

錢其實並不複雜，只是我們有沒有花時間去管理它。透過練習，學習與財富的關係，並探索自己內心真正想要的結果。

遊戲反映人生 「玩」出心得

除了實務層面的工具之外，還有體驗式的學習。遊戲反映人生，生活中的行為會無意識地顯現在遊戲中。透過遊戲的體悟，帶你找到財務的盲點，並找到自己可以進步與成長的空間。其實在迷茫的時候，應該要開拓自己的視野，適時地尋找資源、勇敢說出你的需求與想法！讀者是否也曾害怕開口、害怕求援呢？這可能反映的是內心的不安、不夠自信，導致財務原地打轉的原因。

若是我們連自己都不想改變了，那還有什麼資格來期望別人協助我們呢？我們一邊嘗試、一邊探索，還要適時地求援，在黑暗中找到光明的出路，打造成自己想要的模樣！

共好致富 10個帶你從夢想到實踐的翻轉關鍵！
一起Try共好嗎？

「當你真心渴望某件事，整個宇宙都會聯合起來幫助你完成。」——節錄自《牧羊人奇幻之旅》知名作家保羅・科爾賀（Paulo Coelho）

很多時候我們都知道事情要怎麼做，但是「知道」跟「做到」有非常大的差別，該怎麼彌補「知道」跟「做到」之間的距離呢？你需要有體驗，透過一個好的體驗，能夠讓你改變一些信念，尤其是對錢的信念。

由內而外　改善財務心法

財富藍圖課程設計從外在到內在，四項財務實用工具與講解，協助你更好地管理財務，讓你了解到理財其實並非想像中困難，是有趣的；用最簡單、最直觀的方式，引導你挖掘心中的想法，開創更美好的未來。

完課的學員常說：「財務金流正式課像西醫，能夠先快速地解決你的痛；財富藍圖課程像中醫，能夠由內而外地調理身心。」結合財務金流正式課，把所學應用在生活中，靜下心來，好好運用表格後，將有效地加速實現自己財富的藍圖，讓金錢、能量流動，進而產生正向的信念。

課程中分組同學的交流，將透過傾聽不同的意見與想法、理解自己可以進步的地方，也因為這個共好的環境，大家對錢有一樣的共識，足以讓你有信心開口、有信心展現。

最後透過更多的團隊合作、體驗學習，來傳達「一個人能創造的效益有限，但一個團隊能創造的效益卻能放大好幾倍」的理念，這也是共好一直以來在提倡的，一個人不可能同時擁有熱情、勇敢、謹慎、活潑、有創意、執行力強、善於社交、縝密、細心、善於規劃、樣樣精通，但若是一個團隊的話，就可以同時擁有！

先成為　再擁有

看似簡單的課程設計，背後蘊含的意義更深、更廣，讓你發自內心地完善對錢的感受，再根據這樣的想法，展現你所擁有的才華，方能擁有你應得的回報。多數人都以為世界的運行規律是「Have-Do-Be」（釋義：先擁有＞再執行＞最後成為），可是，真正的運作心法是「Be-Do-Have」（釋義：先成為＞再執行＞最後擁有）。

舉例而言，「Have-Do-Be」的常見思維：「我必須要先擁有金錢和時間，我就能做我開心的事情，我就會開心。」

可是，「Be-Do-Have」的思維模式是：「我必須先有開朗的心態，我就會做出開心的事情，我就能讓自己擁有更多的金錢和時間。」

應用在工作上也是一樣的道理，「Have-Do-Be」的常見思維：

共好致富 10個帶你從夢想到實踐的翻轉關鍵！
一起Try共好嗎？

「我必須要先升遷，要有加薪和管理權，我才能做主管，因此我就能成為一位出色的主管。」

但「Be-Do-Have」的思維模式是：「我必須先有領導的能力與視野，我就會做出像是主管的決策，因此我就能擁有升遷的資格、加薪與管理權。」

財務有它的發展歷程，但我們必須先有財務健康的體質，再求累積，最後再求成長！美國領導力專家約翰‧麥斯威爾（John Maxwell）說：「你不需要很厲害才開始，你需要開始了才能很厲害！」請記得，發生在別人身上的，都是別人的故事，只有發生在你身上的，才是你的人生。鼓勵你先培養富人心態並付出行動，方能創造無限的可能性！

圖　財富藍圖課後大合照

財富實踐旅程

　　綜合財商思維與財務心法之後，就需要設定目標、規劃歷程，一步步達到你想要的生活。你想創業，那就要有創業的目標，有機會成就自己的事業；你想退休，那就要明確規劃你的財務狀況。若想要有人與你一起前進，打造財務健康的體質、提升內在自我成長、創造更多額外收入、實際產出事業計畫成果的話，共好設計了一趟財富實踐旅程，透過講師、教練、同學的陪伴及支持，制定明確的目標與計畫，每周定期檢視與追蹤，協助你更有效地執行；為期四到六個月的旅程，進行多次智囊團會議，討論每個人目前的進程與需要的協助，共同檢視個人目標達成率。

　　很多事情一定要主動去汲取成功人士的經驗與知識，雖然可能不一定是你想要的方向，但一定要勇於嘗試。不斷地滾動式調整，來達到你所嚮往的道路。

　　「學習只有兩種途徑：一個是閱讀，另一個是與更聰明的人為伍。」A man only learns in two ways, one by reading, and the other by association with smarter people.──美國知名牛仔，威爾・羅傑（Will Rogers）

　　如果你把這趟財富實踐旅程當成「有人盯著你執行」而已，那就可惜了。其實很多人會談「財富」，但卻很少談「實踐」。

　　You know, but how？（翻譯：你知道了，但是怎麼做？）

這邊為你濃縮財富實踐旅程學習十大關鍵：

- 學習勇於表達自己、練習配合團體運作
- 學習為自己安排時間
- 學習設定三大目標（個人成長、事業與財富、關係）
- 學習自我心靈的探索
- 學習支持別人與被別人支持
- 學習與自己和解
- 學習明訂實際行動
- 學習突破自我極限
- 學習慶祝勝利與過程
- 學習產出成果、收穫成果

找到機會　清晰目標

這趟旅程首先需要克服的，是在忙碌的生活中，為自己安排 6 堂實體課程的時間、每周的線上會議、以及讓自己喘息的空間。為什麼這麼說？你有發現嗎，我們每天都被忙碌的行事曆追著跑，我們的時間是擠出來的，所有的東西都變成我們的待辦事項，時間到了，就毫無靈魂地將一個個的項目打勾，偶爾上傳限時動態，卻少了一份熱情、體驗與感知。

接著，我們會帶你學習設定目標。這包含了事業、關係、

財富、個人成長，你可能想要創業，但不清楚實際的目標；你可能想要修復你和家人之間的關係，但你不清楚什麼才是你想要的；你可能想要賺很多的錢，但不清楚對你來說，很多的錢是指多少錢；最後你發覺自己財務健康很快樂、但內心不快樂，不確定自己的心裡少了什麼？這些都需要透過目標設定來看見。

有很多人被生活困住、被環境綑綁、被思想制約，導致不敢做出承諾，也不敢作夢。你可能很保守、會害怕，擔心自己沒辦法做到這樣的目標，也沒有太遠大的抱負，所以只能輕描淡寫地帶過。但是我們將協助你逐步從行為裡發現信念，再導正你所適合的方向，你的心之所向。

「清晰就是力量。」——節錄自以色列知名歷史學家尤瓦爾・赫拉利（Yuval Noah Harari）。你的目標越清晰、越看得見未來，達成的力量就越大。

練習支持　收穫動力

當你設定了你所要達成的目標時，心靈層面會產生微妙的變化，一開始一定會是動力滿滿，期待著自己能夠完成！就像我們期待減肥的目標一樣，今天毅然決然地決定明天不喝手搖飲料，相信自己一定可以完成！但是到了明天，又說是最後一杯……以此類推，這是人之常情。

但很有趣的是，因為身邊有著一群具備共識的夥伴、不帶任何利益雜念來協助你的陪跑教練、以及亦師亦友的講師，有他們來支持著你，你將會沒有後顧之憂地往前邁進。你身邊圍繞著各行各業的夥伴，與你交流、分享著各類經驗，這些都是你收穫的養分、一種無形的動力。

如果這條路上只有你一個人，想必你會很害怕、很焦慮、可能會懶惰，但是現在，你有一群夥伴，所以你勇於大步向前，一步一步朝目標前進。當你練習被支持的時候，你會發自內心地感受到，在實現夢想的旅途中，有著一群夥伴與教練的支持，是多麼地美好與珍貴。

你的「為什麼」

你將要有明確的行動，去實現你的目標。這背後的信念，是你的「為什麼」，為什麼你想要這麼做，而非為了完成目標而行動。

為什麼你想退休？「因為我想要自由，想要擁有支配自己時間和生活的主導權！」

為什麼你想創立非典型的建築公司？「因為我想要讓家人過上好的生活，我可以透過哲昀總會長教學的模組，輕鬆打造我的建築方程式！」

為什麼你想要和家人關係更進一步？「因為我自以為和原生家庭的距離就僅止於此，但我好羨慕別人和家人的關係，所以我想要和家人更親密！」

當你的「為什麼」十分明確的時候，你所設定的行動，將會更快地協助你實現目標，是最深層的動力來源。這是財富藍圖課程的「Be-Do-Have」深化後的概念，你先成為了這樣的人、擁有了這樣的心態，你執行後就可以擁有你想要的。

練習面對　成就勇敢的自己

當你開始執行了，心裡多少會保有一些排斥與焦慮，你開始在心裡和自己拉扯，探索自己心靈深處的想法。有些是對人與人之間的交流感到不安，其實本質上是想要擁有好的人脈，但跨不出那一步；有些是非常痛恨原生家庭，痛恨他們控制自己的人生，但實質上是非常愛他們的，想要和家人變得更親密，但找不到這種愛恨交織的原因；有些是因為經濟壓力的關係，一生忙忙碌碌地度過，不管遇到什麼事情，都習慣獨自扛在肩上，第一時間為了家人、朋友兩肋插刀，但自己呢？回過頭來，卻找不到曾為自己做過什麼而感到沮喪；有些是放棄了自己最愛的夢想，把自己的一生奉獻給家庭，但內心是更渴望自由的，卻找不到出口……

共好致富 10個帶你從夢想到實踐的翻轉關鍵！
一起Try共好嗎？

這些種種的因素，長年累積下來，都可能形成你的信念以及內心的匱乏。你可能會很心力交瘁，畢竟每個人都有不同的困境要突破。這樣的身心伸展，對你是好的嗎？我們也想告訴你，人們最大的勇氣，就是面對自己最不想面對的事情，人們會因此成長，獲得無價的成長寶藏。

慶祝成果　收穫豐碩

當你達到了畢業門檻：創造學費兩倍以上的額外收入。就必須要在畢業典禮——成功者旅程兩天一夜當中，慶祝自己所創造的成果！每一次的成果都可以為你帶來成就感，持續為你建立動力、培養韌性、建立信心。因為每一次的進步當中，你都受到了自己的鼓舞，你會開始正視做對的方向，並且簡單的事情重複做、成功的事情擴大做，進而在成就感的多巴胺中，享受愉悅感與積極的態度。

最後，你必須實際產出成果，為你這四到六個月的旅程做出總結事業計畫書！在財富實踐旅程的世界裡，你會發現，你逐步建立了可複製的事業模組，可以輕鬆運用在你的事業、團隊及夢想！設定你的短中長程目標，以及如何運用共好的資源，協助你達成你的計劃。畢業不是結束，而是新的開始，你得要為你的事業計畫付出行動。勇敢踏出去，時間不會停止，停在

原地也是如此。若不勇敢前行，你可能永遠不會知道還有其他選擇。你要感謝當初那個踏進這趟旅程的你。說一句直白的，撐過去就是爽啊！

旅程結束　即是開始

　　直至 2024 年，共好發展總會已經成功舉辦總共七期的財富實踐旅程，這兩年多以來，共計有近一百位畢業生邁向了嶄新的坦途。我們仍在努力耕耘著，期待可以讓更多人成就屬於自己的事業與夢想。因為在「人們不再為錢所苦」的理念之下，解決了財務問題，大家就有時間為自己、為社會做出更多貢獻。

突破重圍　綻放光芒

　　財富實踐旅程有位學員，從設定目標開始難以下筆，因為工作環境比較封閉，很多事情連想都不敢想，總計 12 個目標只寫了 1 個。靜下心來才發現自己的無助、無力，需要適時地開口尋求幫助，其實並不見得是壞事，也能讓自己放下心中的大石頭。

　　在旅程畢業後變得敢於想像、目標明確，她的蛻變與轉念，成功規劃出完整的事業計畫，她找到了自己真正想要做的事，並真心地笑著。她由內而外散發出來的光芒，如鑽石般閃亮！

自由，是為了擁有選擇權

　　「我要加快退休的腳步！」這是大家還沒解決財務問題前，無法想像的吧？但是共好會讓人看見希望，那些你曾經覺得具備挑戰的「白日夢」，在這裡都有人陪你完成。只要你明確條列出：你在幾歲時，被動收入須達到的金額，循序漸進地推演，直到幾歲累積多少的金額，對你來說叫作退休。你的目標、計畫、信念越是清晰，越容易達成。

非典型建築公司　曙光乍現

　　「如果我早一點進行這樣的模組，說不定我早就退休了！」學員身為建築公司老闆，也這樣說道。他在旅程中找到了他的原動力——愛。他是一個有愛的爸爸，他真的很愛他的家庭，想要讓家人過上好的生活。但同時更感謝哲昀總會長，分享了一系列的商業模式，這是他過往沒想過的操作方式，這足以讓他知道，他的事業還有更光明的方向可以前進。

練習，與自己和解

　　「我終於知道為什麼對家人有愛恨交織的感覺了。」這位

學員起初是非常痛恨原生家庭的,他痛恨被控制、支配的人生;可是偏偏他又非常愛他的家人!這之間的矛盾情感,讓他困擾了十幾年。

但是在旅程中,他發現他誤會了家人對他的印象,他內心的情緒波動,其實是在懲罰自己,當他上了課、多看一些書,他開始愛自己,並認為自己是有價值的,他知道他不需要被任何人認同,最重要的是他要認同自己,因此開始慢慢練習放下對別人的一些既有的想法。

畢竟我們對別人的投射,其實就是對自己的制約,我覺得你這樣不行,其實是覺得自己這樣不行,所以也制約了對別人的想法,煩惱都是來自於自身。因此,他選擇和自己和解,學會與情緒共存,擁抱每一個不完美的自己,因為我們本來就很獨特、很多元。

掌握人生　主導時間自由

擁有人生自主權的前提,除了改善財務問題之外,還要有明確的目標,仔細思考自己人生中財富、事業、家庭、自我之間的關係。很巧妙的,財富實踐旅程中的「關係目標」是重點之一,當你和身邊的人關係好了之後,會產生一個正向能量循環,進而帶動你財富、事業與自我的提升!

某位學員提到,他的爸爸戰戰兢兢工作一輩子,每天幾乎只剩 3 小時的睡眠,就怕家人吃不飽、穿不暖。他最印象深刻

共好致富 10個帶你從夢想到實踐的翻轉關鍵!
一起Try共好嗎?

的是，原本滴酒不沾的爸爸，某天居然在車上放鬆地喝了幾瓶，還外帶了一箱回家！

方才讓他驚覺，原來爸爸之前是為了省錢，才捨棄了一些自己的興趣。而在他走進共好的學習系統後，他不僅能夠慢慢地財務健康，也拉近與爸爸的關係，幫助爸爸減輕經濟壓力與心理壓力。這讓他發自內心地感到快樂，感謝自己願意持續努力，提升自己的內在與外在！

共好發展總會幫你把四到六年才有機會逐步釐清的事情，濃縮在四到六個月的財富實踐旅程中，協助你把握人生最精華的時光！關鍵點，就在於「實踐」。就像美國普普藝術大師安迪・沃荷（Andy Warhol）所說：「走得多慢都無所謂，只要你不停下腳步。」

敬美好的未來！

圖　財富實踐旅程——第六期成功者旅程

第四章

共好產業鏈　創造共贏局面

讀到這裡，您認為我們是課程公司嗎？

其實我們在玩更大的遊戲——共好產業鏈！

產業鏈的概念是由哈佛商學院教授麥可・尤金・波特（Michael Eugene Porter）於 1985 年《競爭優勢》一書中提出的。他指出，企業要發展獨特的競爭優勢，要為其商品及服務創造更高的附加價值，每一個企業在企劃、設計、執行、銷售、推播、輔助產品的過程中，就會進行種種活動的集合體。架構企業的經營模式即為核心的商業策略，藉以成為一系列的增值過程。而這一連串的增值過程，形成「產業價值鏈」。

麥可・尤金・波特認為，每個企業都處在產業鏈中的某一環節，一個企業要成功與維持競爭優勢，不僅取決於企業本身之運作與經營，同時也取決於一個更大的產業價值鏈中。每一個企業所發展的方向，都與產業價值鏈環環相扣、相互聯動、相互依存，但這就是產業鏈的價值所在。

因為這樣的共贏局面，將有利於企業成本降低、有利於新企業的誕生、有利於企業創新氛圍的形成、有利於打造全新品牌、更有利於區域經濟的發展！

這是共好發展總會真正在做的事，打造一個「共好」的環境，而在這個環境中，有棵大樹正不斷向上開枝散葉、向下扎根，我們稱之為「共好世界樹計畫」。

「共好世界樹計畫」

　　「共好世界樹計畫」的生態系統，以「樹」作為循環概念。

　　不論是房子或是樹木，牢固的地基與根系，方能決定它可以長多高。世界樹的根系，從各方面蒐集成長需要的資源與養分，其中就包含了有共識的人才、營運的基礎。與此同時，逐步拓展至其他土壤，進一步獲取發展所需要的養分、人才。

　　往上延伸，世界樹的樹幹，提供體系中必要的支持，往下指揮根系發展，整合與應用資源，並將樹冠養份輸送回根部，持續發展開拓，向上支持產業鏈運作並產生結果。

　　向上攀升，看見茂密的樹葉及新生枝芽，每一片樹葉如同一個個財務健康的會員欣欣向榮，更有的在共好的幫助下，組建出共好產業鏈。隨著時間的推移，結實累累的成果也逐漸成形，如同一個個共好產業鏈的成果，等待收穫。

　　世界樹體系承上啟下，發展出良性循環的營運模式，其中還有像是太陽能量源，提供生態系運行能量，集合體系中的養分與資源，冒出新芽與開花結果，產生經濟效益與商業資源，回歸根系並發展肥沃土壤，達成世界樹體系正向循環。

共好產業鏈循環系統

共好發展總會的商業模式，以「共好、共贏」為核心理念，致力於創立一個合作致富的產業循環系統。透過創新、合作與共榮的宗旨，為產業、客戶間創造更多價值！

共好產業鏈所具備的優勢：
- 深厚的金流運作底蘊
- 各產業之間凝聚共識
- 運用共好資源，促進專業分工協作
- 結合各產業技術，提高市場競爭力
- 實現快速創新、拓展市場

相較於短期配合與協作關係，我們更重視建立長久、穩定的合作系統，幫助各產業提升價值，進而深耕市場，實現產業鏈的繁榮！

共好特斯拉出行產業鏈

如同第二章節偶像團體 KONE 達倫所說，特斯拉出行產業鏈對於司機來說，不僅抽成高，最令人震驚的是「車貸全額補

助」。只要達成基礎的營業額門檻，就能被完全補助特斯拉車輛的車貸，這是他想都沒想過的事。

有別於一般傳統車業的模式，共好發展總會的產業鏈運作，是可以透過金錢的運用把價值留下來，進而協助加盟司機們減少經濟壓力！在這樣的基礎下，就可以實現時間彈性、收入高，成為自己的老闆！

你可能會問，司機該不會每天跑車 15 小時吧？共好要賺什麼？怎麼可能？

化不可能爲可能

現代物理學之父阿爾伯特・愛因斯坦（Albert Einstein）曾說：「唯有那些異想天開的人，才能完成不可能的事。」是的，在讀者們感到匪夷所思的時刻，哲昀總會長已經帶領共好往前邁進一大步了！我們先來了解特斯拉出行產業鏈的進化史：

- 2022 年 09 月哲昀總會長商業靈感浮現，海選第一位測試機場接送的司機
- 2022 年 10 月第一位司機上線，國門解禁需求爆發
- 2022 年 12 月正式啟動特斯拉出行產業鏈
- 2023 年 02 月舉辦第一場特斯拉出行司機加盟說明會
- 2023 年 04 月廣告行銷，引爆市場（一樣的價格，怎

共好致富 10個帶你從夢想到實踐的翻轉關鍵！
一起 Try 共好嗎？

麼不搭特斯拉？）

- 2023 年 05 月訂單好評破千則，享受高品質服務
- 2023 年 07 月接送台灣首位世界羽球球后——戴姿穎
- 2023 年 10 月首位 UBER 加盟主！準備測試新市場
- 2023 年 11 月全台各地舉辦特斯拉出行司機加盟說明會
- 2023 年 12 月進一步與特斯拉總部、大型租賃公司資源對接！
- 2024 年持續深入市場，協助更多人順利轉職，年度目標 100 位加盟主！

圖　特斯拉出行加盟司機團隊

用心經營團隊　排除阻礙

自 2022 年 10 月啟動特斯拉出行產業鏈以來，我們打破了許多的制度、挺過了質疑的聲浪，成功創造了大量的就業機會！用兩年實現了超過上千萬的營業額！不僅提供市場更優質的選擇，加盟司機們也不再受到時間、經濟的束縛，掌握了人生的選擇權，擁有充分的休息與彈性空間，可以陪伴家人，給家人過上好的生活，更可以做自己想做的事情。

我們為司機實現了財富與時間自由的里程碑，而感到自豪！

除了擁有哲昀總會長的商業靈感之外，我們也擁有專業、穩健的團隊架構！分為育成顧問團隊、經營團隊及執行團隊，實現世界樹生態體系之運作。由執行團隊於第一線開拓市場、提供高品質服務；再由經營團隊協助資源對接、提升市場能見度，並擴大招募執行團隊；育成顧問團隊提供專業知識與必要協助，藉以達成循環系統。

產業鏈育成　昇華未來

在特斯拉出行產業鏈的相互合作與導流之下，我們不斷擴張，主動提供加盟司機各類資源，亦向產業鏈的合作夥伴提供多樣化的支援，包含財務培訓、特斯拉總部的資源、團隊訓練、

共好致富　10個帶你從夢想到實踐的翻轉關鍵！
一起 Try 共好嗎？

充電優惠等。同時，我們積極整合旅遊與生活相關的產業，包括旅遊業、Uber 市場等，並計劃未來與更多產業合作，昇華成更多元的特斯拉生態圈，創造翻倍的商業價值。

我們沒有辦法在書中一一說明清楚細節，但是唯一確定的是，只有你正視自己的財務、親身來體驗，你將能真正體會到箇中原理。

共好房地產產業鏈

-- 原始屋況 --

改造前

改造後

-- 改造後 --

網美風

霸總風

無印風

圖　房地產產業鏈案例介紹

我們將各項資源整合，並為客戶提供全方位的房地產服務。我們擁有專業的團隊和豐富的經驗，進而滿足客戶多樣化的需求。

舉例而言，我們耗時半年，成功改造了新竹市城北街的一棟老屋。這棟老屋年久失修、令人毛骨悚然，經過我們偕同相關產業、資源的改造，搖身一變，變成三種風格的現代化住宅：網美風、霸總風、無印風。而我們也成功將這個物件售出，為業主實現了價值最大化。

共好藝術品產業鏈

我們的目標是在人們財務健康後，讓大家能夠過上理想的生活，同時也可以享受藝術所帶來的樂趣。透過產業鏈的合作，達到藝術愛好者、藝廊、藝術品賣家的共贏局面。

2023 年 10 月我們正式啟動藝術品產業鏈，在短短幾個月的時間內，舉辦了四場藝術品投資分享會及一場藝術品專班，同時我們透過改變用錢的順序，將藝術品購入的成本降低。透過藝術鑑賞與公式學習，使得擁有藝術品這件事，不再是遙不可及的夢想，能自在享受亦能陶冶身心。

醞釀產業鏈　共好致富

「我們的重複行為造就了我們，所以卓越不是一種行為，而是一種習慣。」——古希臘哲學家亞里斯多德（Aristotle）

共好發展總會經由世界樹的體系，不斷地重複運作、測試，直到成功打造特斯拉出行產業鏈、房地產產業鏈、藝術品產業鏈，同時也在醞釀知識經濟產業鏈等獨特的商業模式。

我們堅信只要協助人們財務健康，方能有餘力重新整理人生藍圖。接著與志同道合的會員組建團隊、學習運用資源，透過不斷溝通與付出，進而擁有專屬於團隊的運作模式，共創富裕、美好的未來！

圖　2024 年 05 月 23 日 ~05 月 27 日共遊峇里，好玩有你。近 150 位共好會員與家人，一同前往峇里島 5 天 4 夜。

攜手共好　照亮未來

從財務金流正式課、財富藍圖課程、財富實踐旅程、特斯拉出行產業鏈、房地產產業鏈、藝術品產業鏈……等等，這一系列的循環系統，其實就是「拼圖」，我們跳脫傳統框架，把不同維度的產業架構在一起，拼出一般人看不懂的商業模式。而這個一般人看不懂的商業模式，可以創造出超乎同業認知的商業價值，而串聯整個商業模式的核心精隨，就在於金流。

共好的環境，打從一開始接觸就是公開談論金錢，這與一般常見的「談錢傷感情」觀念背道而馳。在潛移默化中，自然逐漸培養了共好會員面對財務的透明、健康的心態。

共事、共識、共視

筆者亞璞能夠在共好總部團隊，成為執行者之一，是感到與有榮焉的。除了親眼見證許多家庭的翻轉之外，更加認同自己所踏上的道路，格外有意義。也因此為共好的團隊文化，下了六字總結：「共事、共識、共視」。

在共好的團隊文化裡，我們重視團隊夥伴之間的發展模式。當一群團隊夥伴有機會能夠合作，即稱為共事；但我們必須凝聚共識，才有利於共事的和諧；最後，在不斷的磨合與嘗試中，

我們要擁有「共」同的「視」野與格局。

或許讀者會認為，只要有錢賺，還需要思考這麼多嗎？

其實這就和財富藍圖課程中學到的「Be-Do-Have」一樣，當我們成為了願意為團隊付出的人時，我們自然會付出相對應的行動，並且漸漸地吸引、累積財富。團隊夥伴必須擁有這樣的心態，且願意分享彼此在人生中的經驗，產業鏈的運作才會走得長遠、穩健，共好的力量得以延續下去。

共好的力量

共好發展總會致力於產業鏈的打造與發展，以及個人的財務健康。我們不僅專注於此，我們更不忘發揚共好公益精神，實現「取之於社會，用之於社會」的承諾，秉持著幫助更多家庭改善生活的理念，回饋社會及振興新竹在地藝文活動。

2023 年 11 月 4 日，透過共好會員們的力量，我們捐贈款項給天主教藍天家園青少年中途之家，期望幫助更多孩子能夠擁有好的資源；同時，我們亦回饋醫護人員，面白大丈夫脫口秀公益席次總計 121 席，感謝醫護人員一直以來為醫療環境的付出！

未來我們也將秉持同樣的宗旨：「用愛與正確的財務順序，幫助人們輕鬆成家立業」，讓人們不再為錢所苦。

圖　共享幸福好在有你面白大丈夫公益包場

成為自己的光

「你無法和一個握緊的拳頭握手。」──印度國父聖雄甘
地（Gandhi）

　　你可以允許自己被環境影響，但是，如果你願意把自己當
成半杯水，以開放的角度來接受新的觀念，敞開心房，就能讓
共好有機會可以協助你！

共好致富 10個帶你從夢想到實踐的翻轉關鍵！
一起Try共好嗎？

什麼時候種一棵樹是最佳時刻？有兩個時機點：

第一個時機：十年前。因為現在的你就能乘涼；

第二個時機：就是現在。因為你有行動，勢必能在未來興起希望。

一起 Try 共好嗎？

Try 共好嗎？ Instagram

共好協會 - 財富旅程 FB
社團（須回答入社問題）

共好 Youtube 頻道

共好發展總會官網

共好致富 10 個帶你從夢想到實踐的翻轉關鍵！一起 Try 共好嗎？

Let's Gonghao!

編　　　輯	徐培峯、吳亞璞	

作　　　者　劉哲昀、徐浩恩、洪靖家、楊佩樺、李鎮宇、張培倫、劉濬維、
　　　　　　胡凱傑、洪揮智、陳昭憲、藍悅綺

封 面 設 計　拾夢設計工作室

發　行　人　吳心芳

出　　　版　巔峰潛能有限公司

地　　　址　台北市大安區和平東路三段 109 號 11 樓之 2

電　　　話　02-2737-3743

傳　　　真　02-2737-5208

E - m a i l　beyondtim@gmail.com

代 理 經 銷　聯合發行股份有限公司

電　　　話　02-2917-8022

印　　　刷　中華印刷

初　　　版　2024 年 10 月

售　　　價　新台幣 420 元

ISBN　978-626-97943-0-0（平裝）

國家圖書館出版品預行編目（CIP）資料

共好致富：10 個帶你從夢想到實踐的翻轉關鍵！一起 Try 共好嗎？ = Let's Try Gonghao!/ 劉哲昀, 徐浩恩, 洪靖家, 楊佩樺, 李鎮宇, 張培倫, 劉濬維, 胡凱傑, 洪揮智, 陳昭憲, 藍悅綺作. -- 初版. -- 臺北市 : 巔峰潛能有限公司, 2024.10
　面；　公分

ISBN 978-626-97943-0-0(平裝)

1.CST: 理財 2.CST: 成功法

563　　　　　　　　　　　　　113012811